中国经济文库·应用经济学精品系列（二）

本书获国家社会科学基金重大项目（从“大缓和”到“大衰退”的西方宏观经济学理论与政策的大反思，项目批准号：14ZDB123）资助

栗　亮
陈华清　◎著

跨境投资风险控制与政治风险保险

The Risk Management of the Outward Direct Investment and Political Risk Insurance

中国经济出版社
CHINA ECONOMIC PUBLISHING HOUSE
北京

图书在版编目（CIP）数据

跨境投资风险控制与政治风险保险/栗亮，陈华清著.
—北京：中国经济出版社，2018.1（2024.1 重印）
ISBN 978-7-5136-4891-2

Ⅰ.①跨… Ⅱ.①栗… ②陈… Ⅲ.①对外投资—风险管理—中国 Ⅳ.①F832.6

中国版本图书馆 CIP 数据核字（2017）第 248539 号

责任编辑 叶亲忠
责任印制 马小宾
封面设计 华子设计

出版发行 中国经济出版社
印 刷 者 大连图腾彩色印刷有限公司
经 销 者 各地新华书店
开　　本 710mm×1000mm 1/16
印　　张 13.75
字　　数 200 千字
版　　次 2018 年 1 月第 1 版
印　　次 2024 年 1 月第 2 次
定　　价 65.00 元
广告经营许可证 京西工商广字第 8179 号

中国经济出版社 **网址** www.economyph.com **社址** 北京市东城区安定门外大街 58 号 **邮编** 100011
本版图书如存在印装质量问题，请与本社销售中心联系调换（联系电话：010-57512564）

前言

一、"一带一路"战略构想的远大意义

自"一带一路"战略构想提出以来，直到今天，以政策沟通、设施联通、贸易畅通、资金融通、民心相通为主要内容的多边和双边合作已经在全球范围内引起了巨大的反响。与此同时，"一带一路"战略的政策实践也得到了越来越多国家的认可以及全方位的积极参与。无论从国内来看，还是从全球经济背景的角度出发，"一带一路"战略都将成为中国和世界经济史上"浓墨重彩"的一笔。

1. "一带一路"战略构想提供了解决和突破国内经济困境的可行途径

从国内经济演变形势来看，改革开放之后的二十多年间，平均两位数的经济增长率迅速使中国从一个人口众多、经济发展落后的发展中国家一跃攀升为全球第二大经济体。然而，在经济高速增长的过程中，"唯 GDP 论"的经济发展思路也无可避免地累积了一些沉疴。其中，最典型的问题之一即为过度投资和政策刺激导致某些产业内的"产能过剩"。在国内市场产能饱和的情况下，转移"优势产能"和"过剩产能"必然需要新的市场和新的机遇。与之相比，东南亚、拉美、非洲等发展中国家由于历史、政治等要素约束，国内基础设施、技术发展水平严重不足。通过"一带一路"战略，在提升当地居民福祉的同时，可以有效转移和利用我国优势产能，为国内企业提供新的市场机遇。

2. "一带一路"战略构想可以"倒逼"国内金融制度的改革

"一带一路"战略的实施，必然会伴随着通过贸易和投资途径的资本

账户开放程度的进一步提升。原因在于，与国际贸易和投资相关资本的大规模流入和流出必然会对国内资本账户管制提出新的要求与挑战。随着一国经济开放程度的逐步扩大，对于人民币汇率和国内利率场化要求也将进一步提高。而随着贸易和投资规模的不断增加以及经济互通覆盖范围的不断扩大，为了降低国内贸易方和投资者交易的汇率风险，需要相应地增加人民币在国际贸易和国际投资的计价、结算比例。因此，可以预见，"一带一路"战略的深入将倒逼国内金融制度的改革，成为国内金融变革和发展的重要助推力。

3. "一带一路"战略构想有助于孕育新的经济增长点

2008 年全球金融危机过后，全球经济持续疲软，在经济复苏形势和宏观调控政策逐渐分化的背景下，世界各国新的经济增长点尚未形成。在此背景下，与国内京津冀一体化、东西部统筹等发展布局相适应，"一带一路"能够连接我国中部、东部、西部的经济增长带，有助于实现区域经济的均衡增长以及整体经济的统筹发展。在这种模式下，全局统筹的发展模式预计将催化和孕育我国未来新型经济增长点的形成。

4. "一带一路"战略构想将进一步提升中国的国际影响力

通过"一带一路"布局建设和规划，有助于沿线国家在多层面、多角度、多方位合作交流的增强，沿线各国人民将切身感受到"一带一路"战略带来的福利的提高，如体现在基础设施的完善、人均收入的增长、全要素生产率的提高等方面，这将有助于提高中国在世界范围内的全球影响力，负责任的大国形象将进一步深入人心，为中国的"和平崛起"奠定文化和社会基础。

5. "一带一路"战略构想提供了世界各国解决争端的平台

由于政治沿革和历史遗留问题，我国在边境问题上与东亚、东南亚等国家存在多处领土争端，"政治问题经济化"可能是解决领土争端、人权等问题的一个有效突破口。因此，"一带一路"战略的实施将有助于以经济联通、资金联通等多种方式打破政治僵局，构建各国以共商、共识、互谅为基础的讨论与解决政治分歧的平台。

6. “一带一路”战略构想代表全球经济发展的方向

近年来，全球贸易保护主义的兴起，如以英国脱欧、欧洲难民危机、美国“301”条款调查等多起事件为代表的自由主义与保守主义之间的冲突无一不为全球化敲响了“警钟”，“全球化逆转”这一现象得到了越来越多的业界关注。明显可以看到，在此背景下的“一带一路”战略的实施，赋予了“全球化”以新的信心和新的发展方向。在这一意义上，“一带一路”战略是新型全球化的起点，代表着全球经济增长中最具发展潜力的势力之一。

二、中国跨境直接投资的机遇与挑战

可以看到，“一带一路”战略目标不仅仅是中国经济结构优化和调整的需要，也是全球范围内摆脱“全球化逆转”等困境并实现新的全球治理格局的必要。从目前可以预见到的前景来看，实现“一带一路”战略目标的两个最为直接和有效的途径即为国际贸易和跨国投资，二者也即构成“一带一路”战略的“骨架”，资金融通则是保障国际贸易和跨国投资正常运转的“血液”。可以说，资金的高效融通能够为“一带一路”战略中的顺利实施提供源源不断的“营养动力”。

单从跨境直接投资的角度而言，我国自2015年成为资本净输出国以来，绿地投资和跨国并购发展迅速，目前已居世界各国对外直接投资前列。未来中国跨境直接投资更将迎来良好的政策机遇和时代机遇。通过从国际市场上获得丰富的资金来源和劳动力资源，中国企业可以通过跨境直接投资在世界范围内“大有作为”。

但是，正如本书中所提到的，尽管近年来中国跨境直接投资发展迅速，但其中的投资模式、风险管理呈现的“乱象”局面使我国对外直接投资“精细化”运作程度远远不够，风险管理水平不足，诸多弊端逐步显现。

以政治风险为例。国内金融机构与中国投资企业历来倾向于把更多的注意力放在商业风险的防范上，如上下游的供货、违约风险，以及项目本身的经济可行性风险。殊不知，近十年以来，政治风险对于企业的影响程度和影响范围已经远远超过商业风险，原因在于，个体的商业企业很难就政治风险实施有效地管理和预防。因此，政治风险可以看作中国企业在未来跨境直接投资过程中面临的最为棘手的挑战之一。本书第三章内容将就上述情况做出详尽论述。

三、海外投资保险的发展前景

当前，无论从规模还是行业方面的表现来看，中国跨境直接投资已经进入了一个全新的阶段。尽管如此，目前的全球经济和政治大变局却不断为中国投资企业带来新的挑战和发展桎梏。对于境外投资项目而言，各国企业关于技术和成本方面的竞争可能仅仅是其中的一个方面，从现阶段的实际情况来看，关于融资安排、保险安排的竞争已经越来越多地成为决定项目能否成功的关键。

在以上“一带一路”战略背景以及国内企业跨境直接投资规模迅速扩张的环境下，中国出口信用保险公司作为承保海外投资保险的政策性金融机构，在承保海外投资政治风险的同时，也发挥提高资金融通效率的作用。

首先，海外投资保险为国内企业贷款需求提供增信或担保，降低资金需求方与资金供给方的信息不对称程度。通常情况下，在信息不对称的情况下，融资方会通过风险溢价弥补其自身的信息弱势地位。在实际业务中，若投资者选择投保海外投资保险，无论是从贷款利率、担保条件或评审要求方面，融资方均会给予企业提供一定的优惠条件。此时，投资企业和融资方通过向中国出口信用保险公司转嫁风险，节约了大量的时间成本、沟通成本以及信息不对称成本，中国出口信用保险公司的金融媒介功能得到充分发挥。

其次，海外投资保险有助于提高企业的资源获取能力。此处的“资源”，不仅仅局限于能源、矿石等实物资源，也包括影响力、信息优势等无形资源。在东道国项目招投标过程中，一些东道国政府会倾向选择出口信用保险机构参与方的投标，以更好地实现未来对于项目的监督和管理。因此，在某些情况下，对于成本控制能力和项目经验处于同等地位的投标参与方，东道国招标商会偏向于海外投资保险机构意向承保的一方。在此情况下，海外投资保险赋予了对企业成本控制的正面影响更深层次的意义。

最后，对于企业“走出去”之后的当地运营阶段，海外投资保险对于风险事件管理和损失弥补方面更具优势。如中国企业在东道国遭遇频繁的战争和政治暴乱风险对于项目企业厂房和重型设备的破坏、东道国的征收对于投资者股本和收益造成的损失、汇兑管制造成的资金无法兑换等，中国出口信用保险公司均能给予有效的补偿，且赔偿比例最高可以达到95%。因此，在风险事件发生后，海外投资保险给予企业损失方面的补偿是更为直接的成本控制支持，是保障中国投资企业在风险发生后投资回收的最有力手段。

尽管如此，一方面，目前市场上的金融机构和企业对海外投资保险的认识并不完全，对其功能的挖掘并不深入；另一方面，从产品创新来看，海外投资保险尚存在巨大的发展和成熟空间。本书第三篇将着重对海外投资保险的功能、价值以及未来的发展趋势等做出探讨，以更好地服务于“一带一路”建设中的风险保障需求。

四、本书框架构建思路

本书分为四篇内容，共计十一章。第一篇为前两章内容：国家风险、主权风险和政治风险的范畴界定与不同政治体制下的主权认定和主权履约意愿，两章内容主要对跨境投资中涉及的非商业类风险进行了范畴的界定和划分；第二篇包括第三章到第六章等四章内容：跨境直接投资理论和中国对外投资发展现状、跨境直接投资过程中面临的政治风险类型、国际投资体系规则和应用、跨境直接投资监管框架，主要就跨境直接投资的政治风险及争端解决和国内监管进行了介绍；第三篇包括第七章到第十章内容：资源类跨境直接投资与政治风险——“自然资源诅咒”、征收和合同违约风险的分析框架和影响因素、海外投资保险对资源类海外投资的作用机制、中国海外投资保险现状和发展趋势——产品创新角度，着重阐释了海外投资保险的作用机制，并在此基础上提出了海外投资保险未来的发展趋势和方向。全书最后一章内容单独作为第四篇，总结了全书主要结论并得出相关启示。具体如下表和结构图所示。

全书构架体系表

<table>
<tr><td rowspan="2">第一篇</td><td>第一章　国家风险、主权风险和政治风险的范畴界定</td><td rowspan="2">常用概念相关范畴的界定。</td></tr>
<tr><td>第二章　不同政治体制下的主权认定和主权履约意愿</td></tr>
<tr><td rowspan="4">第二篇</td><td>第三章　跨境直接投资理论和中国对外投资发展现状</td><td rowspan="4">跨境直接投资政治风险及相关的风险解决机制和国内监管思路。</td></tr>
<tr><td>第四章　跨境直接投资过程中面临的政治风险类型</td></tr>
<tr><td>第五章　国际投资体系规则和应用</td></tr>
<tr><td>第六章　跨境直接投资监管框架</td></tr>
<tr><td rowspan="4">第三篇</td><td>第七章　资源类跨境直接投资与政治风险——“自然资源诅咒”</td><td rowspan="4">海外投资保险的作用机制以及未来发展趋势。</td></tr>
<tr><td>第八章　征收和合同违约风险的分析框架和影响因素</td></tr>
<tr><td>第九章　海外投资保险对资源类海外投资的作用机制</td></tr>
<tr><td>第十章　中国海外投资保险现状和发展趋势——产品创新角度</td></tr>
<tr><td>第四篇</td><td>第十一章　结论、启示和展望</td><td>总结全文结论。</td></tr>
</table>

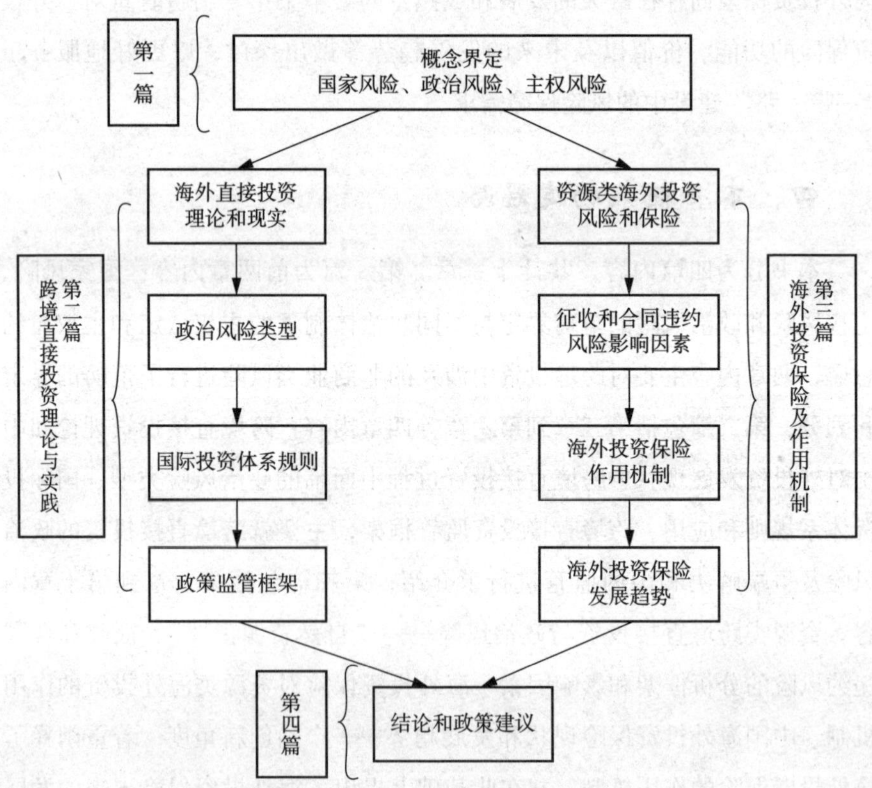

目录

第二篇

第三篇

第四篇

第一篇

第一章

国家风险、主权风险和政治风险的范畴界定

不难发现，在跨境交易活动中，国家风险、政治风险、主权风险是经常涉及和提及的风险范畴。无论是国际贸易、跨境直接投资抑或金融资产类投资，相关主体在交易过程中都会评估国家风险、主权风险等级的高低，进而做出相关决策。

对于从事跨国经营活动的企业而言，一国的政治风险是其遭遇到的东道国风险中的一个重要方面。无论从学术角度还是从业务实践角度而言，到目前为止，各个领域对于国家风险、政治风险、主权风险等范畴并没有一个清晰和明确的界定标准，而这些概念和范畴却是跨国企业和风险评估机构在理论研究和实际业务中难以避开的话题。

从研究课题的完整性考虑，本书有必要在对跨境直接投资企业面临的政治风险和保险的相关内容进行论述之前，首先对国家风险、政治风险、主权风险等概念以及三者之间的关系进行界定，以为本书的后续研究做出理论铺垫。

第一节　国家风险

一、国家风险的定义演进

国家风险的概念最初起源于20世纪50年代国际银行的跨境业务。当

时，在某一国家金融机构提供贷款给另一个主权国家或本国的境外企业时，可能出现的海外信贷风险被称为国家风险，或称为主权风险。在这一背景下，1978 年，加拿大银行学家纳吉提出了一个当时被广泛使用的国家风险定义：所谓国家风险，是指“跨境贷款中导致损失的风险，这种损失是由某个特定国家发生的事件所引起，而与企业或个人无关”。需要强调的是，纳吉所定义的国家风险仅针对银行业及海外贷款，风险发生所造成的损失不是由私人部门或个人层面的事件所引起的，而是由国家层面发生的包括政治事件、政策变动、经济形势的变化等事件引起，其影响后果对于私人部门来说是不可抗拒的。在这一阶段，国家风险被狭义地理解为跨境贷款中出现的主权风险。

之后，西方学者对国家风险的研究领域远远超出了国际债务领域。原因在于，不同领域的企业对国家风险的关注视角不同，并且国家风险具有链式传导效应。因此，国家风险的内涵就不仅仅是债务领域下的国家信用问题，还应包括与政治法律相关的多种社会因素。国家风险的内涵因此逐步得到扩展。

目前，关于国家风险有以下几种影响范围较为广泛的定义：

（1）瑞士银行家协会的《国家风险管理指南》认为，国别政治和经济形势的变化是导致国家风险的根源，具体包括转移风险和“其他国家风险”。其中，转移风险包括货币和资本自由流动的限制、汇回投资者国内的限制；“其他国家风险”包括由于政治经济因素导致的变化，这些因素有国别相关的流动性、市场和关联性风险。

（2）经济合作与发展组织（OECD）在《关于官方支持的出口信用准则的约定》中指出国家风险包含五个基本要素：①由债务人的政府或政府机构发出的停止付款的命令（社会政治风险）；②由经济事件引起的贷款被制止转移或延迟转移（经济风险）；③法律导致的资金不能兑换成国际通用货币或兑换后不足以达到还款日应该有的金额（社会政治风险）；④任何其他来自外国政府的阻止还款措施（社会政治风险）；⑤包括战争、没收、地震、瘟疫和洪水等方面的不可抗拒力（社会政治风险或自然风险）。

(3) 政治风险服务集团（Political Risk Service Group）是目前关于国家风险评估最具影响力的机构之一。自 1980 年起，政治风险服务集团便开始定期发布国际国家风险指南（International Country Risk Guide，ICRG）。目前，该指南的国别风险分析覆盖了全球近 140 多个国家，并以季度为基础进行数据更新，逐月发布。国家风险指南提供 18 个月短期和 5 年中长期的国家风险预测，已经成为许多国家企业从事跨国经营的必备参考资料。按权重不同，ICRG 将国家风险分为三种类型：政治风险（50%）、经济风险（25%）、金融风险（25%），这三种主层次风险又分别由 22 个风险子层级构成。

(4) 标准普尔采取了定性和定量相结合的方法对国家风险进行评估。标准普尔将国家风险的分析分为八个类别。这八个类别分别是：政治风险、收入和经济结构、经济增长展望、财政的机动性、公共债务负担、价格稳定性、国际收支平衡、外部债务和流动性。

可以看到，国家风险涉及政治、经济、国际关系、一国的社会文化环境以及如恐怖事件、战争和自然灾害等突发事件引发的风险。因此，在分析不同的国际经济和政治活动或是企业在不同的国家进行国际直接投资的过程中，其所面临的国家风险也不尽相同，并且随着外部环境的变动，新的影响国家风险的不确定因素也在不断增加。

二、国家风险的表现形式

国际贸易、国际信贷和国际投资是产生国家风险的三大领域。对于从事跨国经营活动的外国企业来说，东道国的国家风险意味着企业的经营活动随时可能受到影响，贸易、投资等商务活动的收益随时可能遭受损失，跨国公司是国家风险的主要承担者和受害者。因此，跨国公司开展跨国经营活动时，选择和确定国际市场的进入模式（出口、契约和投资）是一种重要的系统性安排。其中，跨国公司对国家风险的评估与防范，是影响模式选择的最重要因素之一，原因是，不同的国际市场进入类型导致的企业所面临的国家风险也有很大的差异。其中，在三大模式中，由于投资区位、资金投入的原因，国际投资面临的国家风险最高，出口居中，信贷或契约风险最低。

例如，汇兑政策直接影响企业的进出口贸易情况和海外投资收益。因此，在分析与评估国家风险时，必须对本国及东道国的汇率政策、汇率管理和汇率变动趋势等汇率风险进行认真考量。但是，由于跨国经营的方式不同，国家风险的表现特征及其产生的影响也会不同。

因此，沿袭国家风险的定义演进，以下观点在一定程度上得到了越来越多的认同：国家风险不仅仅局限于主权债务违约领域，在国际贸易和投资等领域中同样涉及由国家的官方或者政府机构而非私人的种种行为引起的贸易或者投资的利益损失。

1. 国际贸易领域

从跨国贸易的角度来看，国家风险是指进行跨国界贸易时，因受信人（政府或企业）所处的国家环境因素发生意料之外的变化，所可能引致的损失及收益的不确定性。国际贸易中的国家风险既有来自母国与东道国之间的贸易争端引发的风险（如关税、配额限制等贸易壁垒），也有来自如汇率、利率等方面的货币风险，还有可能是来自东道国单方面原因而破坏已签订的贸易契约的风险。国际贸易领域的国家风险形态主要包括四个方面：(1) 贸易对象国单方面破坏契约，并拒绝赔偿本国企业、银行及政府的经济损失；(2) 贸易对象国强制关闭国内市场，限制本国商品的进入；(3) 贸易对象国外汇管制、税率变化无常；(4) 战争、革命及政变等导致双方经济利益的损失。

除了风险 (2) 之外，采用出口信贷进行融资的国际贸易活动，这一领域的风险基本上可以由出口买方/卖方信贷保险所覆盖。

2. 国际信贷领域

从跨国信贷的角度来讲，国家风险是跨边界贷款中损失的可能性，这种损失是由某个特定国家发生事件所引起，而不是由私人企业或个人所引起的。国际信贷领域的国家风险表现形态主要包括五个方面：(1) 否认债务。债务人否认债务、拒绝履约还款。(2) 延期偿付。债务人针对无法按期偿还的事实，宣布延长偿付期，或在一定时期内停止偿还债权人。（3）拒付。鉴于无力偿付，债务人表明处于无法偿付债权人的状态。（4）技术拒付。基于债务管理的原因，债务人表明暂时无法偿还债权人的状态。（5）重议利息。债务人要求调整原债权债务契约的利息率或加息率，减轻偿付负担。

这部分的风险基本上可以由东道国作为借款人或担保人情况下的出口买方信贷保险所覆盖，或出口买方/卖方信贷保险对于政治风险的覆盖，或海外投资（债权）保险所覆盖。

3. 国际投资领域

在国际投资活动中，国家风险是指投资对象因其所处国家政治、法律、经济政策或社会等方面发生意料之外的变化而使外国投资者蒙受经济损失的可能性。国际投资是企业将部分资源转移到另一个主权国家的资本流动，是置于外国的特定资本。从事国际投资领域企业可能面临的国家风险形态包括八个方面：（1）正式征用。投资者财产被当地政府无偿征用、没收，实行逐步国有化。（2）汇兑限制。当地政府出于某种目的而对企业经营做出暂时的管制，如利用外汇管制措施，规定汇回母国利润的最高比例。（3）干预。企业营业受当地政府干预，如强制征税，规定禁止外国公司涉足的商品、行业和领域，制定商品内销价格，规定内销比重及流通渠道。（4）强制出售。政府威胁外国公司向当地企业或政府以低于市场的价格出售部分或全部资产，而不给予任何形式的补偿。（5）重议契约。政府强制修改和变更与外国公司的合作、合营企业的协议，而不予赔偿。（6）政治损失。投资东道国的国际政治环境发生巨大变化，甚至出现国际制裁的情况。（7）投资东道国与母国之间发生战争等严重事变，导致投资者资产损失。（8）投资东道国国内发生政治动乱，发生革命或军事政变，从而造成投资人营业利润损失。

国际投资领域的国家风险基本可以由海外投资保险所覆盖。

综上所述，我们认为，国家风险是指在对外投资、贷款和贸易活动中，外国资产在东道国所面临的危险程度，是源于因国别政治或经济形势变化而导致的国外暴露价值的变化，其主要特征是一种针对国外居民的国家经济主权行为，是不受国外居民控制的并导致国际商务合同无法践约的可能性风险，这里的国外居民既可以是政府、企业，也可以是自然人。

第二节　主权（信用）风险

一、主权风险的概念与特征

20 世纪 80 年代以来，随着经济全球化的发展，越来越多的主权机构开始向海外发行债券，寻求国际化融资的道路，对于主权风险的关注逐渐成为了国家风险研究的焦点。主权风险又被称为主权信用风险，作为国家风险的核心构成，一般是指一个国家政府未能履行其债务所导致的风险。主权风险与国家风险的概念既有联系又有区别，但普遍认为国家风险涵盖的范围比主权风险更广阔。目前，关于主权风险较有代表性观点主要有以下几种：

Calverley（1985）认为国际信贷领域的国际风险可以划分为主权风险和转移风险以及较为宽泛的一般国家风险，主要包括主权风险、转移风险、集体债务人风险。其中，主权风险指的是主权政府没有足够的外汇或不愿意偿付债务引起的风险，包括违约、重新谈判、重组或其他技术性的违约。转移风险指的是私人机构因为政府的活动而不能偿付债务的风险，如政府对货币汇兑的限制等。集体债务人风险是指在特定情况下的风险，即国家经济体系受到冲击或者发生危机，导致国家的整体信用风险恶化。在这种情况下，尽管政府没有对外汇转移支付或汇兑、支付账户余额做出限制，但仍然会有很多私人合约不能履行，如亚洲金融危机中许多企业的债务违约。

Cantor，Packer（1996）认为主权风险是指一个国家的政府未能履行它的债务所产生的风险。其特征主要有三个：第一个特征是偿付意愿的重要性。在通常情况下，私人部门的违约往往是因为企业或个人的偿付能力出了问题，但是对于一个国家来说，最主要的问题不是偿付能力，而是偿付意愿，主权政府更可能倾向因为政治原因而违约。第二个特征是赔偿的有限性。如果主权政府选择违约，债权人很可能得不到任何的补偿，或者只是法律意义上的有限赔偿。第三个特征是主权政府债务往往缺乏有效的担保，因为主权政府本身就是最终担保人。

Juttner，McCarthy（2000）认为主权风险主要指的是主权政府在未来对其主权债务履行偿债义务的能力和意愿，主权风险的基础是一个国家的整体信用情况。同时，他们还认为大型私人部门的倒闭也会成为主权风险的潜在源头，应该在主权风险的分析中引起重视。

评级机构一般不对主权风险进行直接的定义，它们侧重解释主权评级产品本身的含义。标准普尔认为，主权评级并不能等同国家评级。标准普尔的主权评级关注的是特定国家的政府在未来一段时期对其债务进行违约的可能性，评级结果与该国汇率变动、监管风险或其他政府行为对私人部门债务违约的影响无关；穆迪的主权信用评级可以分为主权债券违约与主权风险上限指标两个部分，其分别用来衡量特定国家政府的国债违约概率与该国政府的干预对经济活动主体偿债能力的影响。

二、主权风险的度量

目前，关于衡量一个国家主权信用风险的指标主要有两种：

第一种是通过资产收益来反映。债券的风险越高，为了弥补投资者投资这种资产所要承担的风险就越大，投资者往往会要求获得更高的价格。一种债券的风险与对应的经济实体偿债能力密切相关：如果该经济实体的违约率较低，则这种经济实体被认为风险较低。最常见的无风险债券就是美国财政部债券以及德国政府债券或者利率互换协议。

第二种是信用互换违约溢价。信用违约互换（Credit Default Swap，CDS），又被称为信贷违约掉期，也叫贷款违约保险，是目前全球交易最为广泛的场外信用衍生品。CDS 是可以将一方或多方的风险转移给另一方或其他方的双边协议。事实上，也可以将 CDS 看作是一种保险合同，其中被保险一方需要支付一种保险溢价，也就是说，市场对风险的定价就是他们对相关经济实体已经觉察到风险的表现。同样地，考虑到信用风险事件的发生概率，被保险的一方也应获得一种损失补偿。

第三节　政治风险

传统的国家风险研究是以经济风险为重点，但在全球经济和政治新格局下，政治风险在国家风险研究与评估中的地位显得愈加重要。无论是经济风险还是政治风险，都会通过国际贸易、信贷和投资三大领域，对企业跨国经营的决策产生重大影响。

在上述所有国家风险构成因素中，政治风险是国家风险研究中的重点与核心。如 ICRG 在将国家风险分配权重中，给予政治风险 50% 的权重，远大于经济风险和金融风险。原因在于，政治风险涉及政府可能做出导致对外国债权人或投资者不利的决策，也牵涉来自东道国非政府方面的对外国企业可能构成价值损害的社会行为。斯特芬·罗伯克在《政治风险：识别与评估》一书中，提出识别政治风险在跨国经营中的三个特征：

（1）政治风险存在于企业跨国经营环境中出现的一些非连续性；

（2）这些连续性难以预料；

（3）因东道国政治变化而导致外国企业价值随时会减少的潜在可能性。

尽管如此，在经济全球化的背景和趋势下，经济因素和金融因素也是产生政治风险的原因之一。例如，在一些国家，以政党、行业协会、工会为代表的非政府组织，往往出于就业等方面的原因，采取各种合法以至非法的手段排挤外资企业，并向本国政府施加压力，推动实施保护本国企业的投资与贸易政策。令外资企业担心的是，东道国政府往往会对本国社会的这种滋扰行为予以偏袒，甚至公开的支持。这种风险可能会导致东道国政府对外国投资政策发生相应变化，进而使外资企业面临更大的经营风险。

考虑到政治风险产生的非预期性和多变性，本书在后续章节将从政治风险的表现形式、保险机构的判定标准等多个角度对政治风险进行展开分析。此处，本章节对政治风险不予详述。

第四节　国家风险、主权风险、政治风险之间的区别与联系

一、国家风险与主权风险

从本章第一节和第二节观点的梳理来看，国家风险不仅仅局限于主权债务违约领域，国家风险评估也不仅仅对国家履行其相关债务的意愿加以度量，同时也对其他引起损失的因素（政治、社会、经济、金融等）加以评估。在对一个特定国家的政治、经济、金融等风险要素进行综合分析评价之后，采用统一的符号来对该国的综合风险进行揭示，以衡量海外投资、贸易合作等跨国行为蒙受经济损失的可能性。

主权风险是国家风险的重要方面，它涉及政府和其他政府机构偿还贷款的支付能力以及与之相应地满足国际银行偿债要求的各种措施。从目前的研究进展来看，本书作者认为，主权风险可以近似等价于国际信贷领域中，东道国政府或能够代表主权主体的机构作为债务人或担保人情况下的国家风险。

二、政治风险与主权风险

既然主权风险可以近似等价于国际信贷领域中，东道国政府或能够代表主权主体的机构作为债务人或担保人情况下的国家风险，那么以东道国政府或能够代表政府部门的机构作为行为主体的主权风险在行为主体上具有必然的政治属性，因此，也必然属于政治风险的范畴。于是，在这一逻

辑下，我们认为，从行为本源上来看，主权风险属于政治风险的范畴。

三、主权违约与政府（机构）违约

主权风险发生的表现形式为主权违约，主权作为债务人违约的风险，是主权政府没有足够的外汇或不愿意偿付债务引起的风险，包括违约、重新谈判、重组或其他技术性的违约。

主权是指一国独立自主地处理对内、对外事务的权力，其基本特点是对内最高以及对外独立，因此，国家是主权信用的载体。在大多数情况下，主权借款人就是国家或其代理机构。但在实践中，认定哪些部门或机构可以代表国家承担主权借款人的职责，则依赖各国的法律实践。2004 年《联合国国家及其财产管辖豁免公约》尝试对此做出统一解释，认为中央政府及其部门、有权行使主权的联邦制国家的地方政府及其部门可以代表国家作为主权借款人。这一课题将于本书下一章内容中进行详细论述。

政治风险范畴内的政府（机构）违约风险，又称为合同违约风险，通常指政府部门或能够代表政府部门签订合同的机构违反与外国投资者签订协议的行为，这一违约行为产生的原因往往能够追溯到政治事件。本书的最后一章，将从海外投资保险产品的角度来论证违约风险。

从违约诱因来看，主权违约的诱因既可以是经济、金融方面的因素，也可以是政治方面的因素，而政治风险项下政府违约的诱因需要被认定为政治因素或事件。

从违约结果来看，主权违约和政府违约的本质结果都是债权人或签约方对投资东道国产生权益要求。

本章小结

国家风险、政治风险和主权风险均是投资企业和金融机构进行跨境交易中经常接触的风险名词。尽管如此，到目前为止，企业和金融机构对其概念的界定和范畴大小却并未有一个较为统一和一致的认识。结合本章关于国家风险、政治风险和主权风险的论述，从诱因覆盖范围角度，笔者认为，本章中提及的相关概念的范畴关系可以用以下集合的方式表示：

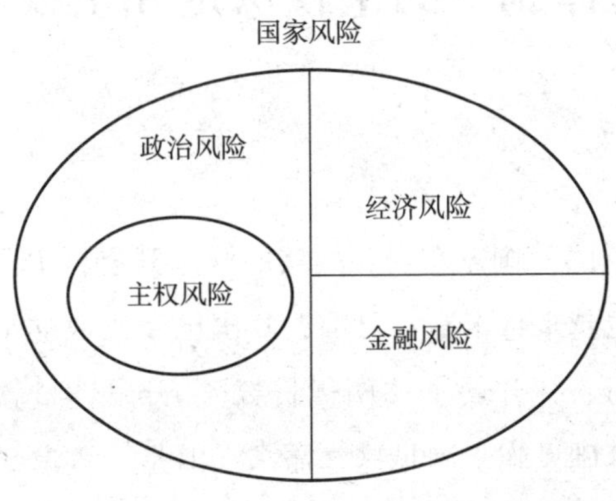

第二章

不同政治体制下的主权认定和主权履约意愿

随着“一带一路”国家布局和战略的深入开展，中国企业对于跨境投融资安排的要求也越来越丰富。目前，我国已牵头成立了亚投行、丝路基金、金砖开发银行，并开展了“两优贷款”、开发性贷款、信用保险等一系列配套金融性基础设施来满足这一需求。但是，考虑到“一带一路”沿线国家经济发展程度多属于发展中国家，国内金融机构在对其提供融资时，主权信用在其中发挥的作用往往不容小觑。

国际三大信用评级机构已经对主权信用评级提供了各自较为成熟和完善的评级框架。因此，笔者在本书中对这一类研究不做重复讨论。与之相对比，我们在此关注的是在跨境项目中，与主权信用相关的主权借款、主权担保等具体操作中关于“主权”性质的认定。

在跨境项目操作中，主权借贷或主权担保的一个最大特点就是借款方具有委托代理的特性。贷款方和其他权益相关方应确信，主权借方做出的借贷决定是公开可信的，借方的政府官员是在当地法律的授权下参与借贷交易的，并且其借款行为遵守了该国的法律。

以国家开发银行为例，按其规定：主权类外汇贷款是以主权国家或经济实体区域及其中央银行、非中央政府公共部门实体为借款人或担保主体（含偿债义务人）的外汇贷款，其还款来源主要依赖主权政府信用。

再以亚洲基础设施投资银行为例。目前《亚洲基础设施投资银行协定》《亚投行融资业务操作手册》以及附件《主权贷款条款》对主权贷款的风险控制制定了有针对性的相关规则，并在控制主权贷款风险方面做出了努力，如建立了完整的项目管理制度，并确立了严格的主权债务违约风险评估制度。尽管如此，亚投行在主权借贷行为的合法性上仍存在一定的局限性。联合国贸发会议《负责任的主权借贷行为原则》当中规定了对主权债务国内部体制的正当性的评估，而亚投行在贷款规则中规定了银行的尽职调查责任，但并未要求评估主权债务国内部体制的正当性，或主权借贷是否获得“民众同意”，要求考察贷款人的资信和偿还能力，并未对借款国的代理人角色做出强调，更没有对借款国的政府治理、民众的支持度等做出规定。主权借款合同是由借款国政府官员代表其国家签署的，当债务出现问题时，尤其是债务国质疑其债务的合理性时，其中一个潜在的问题就是质疑其政府及其官员在代表国家签署协议时的授权。

从以上两个代表性开发金融机构的操作实践来看，其在项目审核过程中，并未对主权项目有一个相对明确和清晰的把握标准，这将导致不同的金融机构在进行合作时，对同一项目会产生不同的审核标准。因此，在我们看来，无论是从学理角度，抑或实际业务角度，目前都亟须对主权的认定做出一些尝试性探索。

“主权”一词，从词义属性的内涵和外延来看，跨越了法律、政治、经济三个学科。在本书中，我们以主权的法学基础为出发点，试图从不同角度对主权的认定提出一定标准，以达到在跨境投融资领域突破经验藩篱、力求开拓创新的目的。

第一节　主权的概念和特性

在国际法领域，主权是近代国家构成的重要因素之一。主权之所以成为国家的最重要因素，原因在于，主权是国家的最高权力，也是国家独立自主地处理其对内对外事务的能力，是国家在国际法上享有的最重要、最基本的权利。

国家主权一般被定义为国家对外独立自主和进行自卫、对内行使最高权力的能力。所谓对外独立自主和进行自卫，是指国家不受外来干涉和侵略，不服从外来意志，并且独立自主地处理其一切对外事务；所谓对内行使最高权力，是指国家在其领土范围内，对一切人、物、事享有最高权或领土主权（属地管辖权和属人管辖权）。

主权是国家所固有的权利，它具有最高性、永久性、不受限制性、普遍性、不可分割性与不可让与性等特点。

主权的最高性，是指它是一种绝对的权力，对任何其他权力具有排他的性质；主权的不受限制性，是指它与政府的权力不同，后者在一定情况下，要受议会的限制；主权只受国家自己缔结的条约义务和国际习惯法的限制，由于这是一种自愿行为，因而并不影响它作为最高权力具有不受限制的特点；主权的永久性，是以国家的存在为基础，只要国家存在，无论政治制度和掌权者如何变更，与国家相伴随的主权就永久存在。在国际信贷领域，“主权债务不灭”的说法反映的就是主权永久性这一特征；主权的普遍性，是指无论君主制国家、议会制国家或其他任何性质的国家，都拥有主权，国家主权不因制度的不同而受影响。

第二节　主权的分配和授予

国家权力的分配问题是政治社会长期存在的现象。在近现代宪政国家，国家权力的分配具有四个层次，一是在人民与国家机关之间的分配。国家主权归属于人民，具体权力被授予分配给国家机构，人民通过一系列手段利用民主权力来决定重大国家事务。二是在少数人和多数人之间的分配，这个分配是通过代议制来实现的。多数人通过代议制，解决国家权力行使权授予给少数人的程序，并始终保持监督和制约的权能。三是通过功能和地域在国家机构之间的分配。首先是横向的分配，即同一层次的国家机关之间权力关系格局即政权组织形式；其次是纵向分配，即中央与地方或国家整体与组成部分之间的权力格局即国家结构形式。四是在国家和社会之间的分配，这需要遵循国家与社会恪守其职、共同发展的原则。

以下两方面的意义使国家权力的分配具有必然性：

首先，理解国家权力的分配，必须把握其宪政价值。国家权力的构成，固然有其不可分割的部分，如制宪权等，但具体组织化的国家权力分别由国民及不同机关掌握，这种运作和功能上的分立，并不破坏国家的整体性，因为它们派生于主权，服务于主权。分配国家权力的目的在于如何防止权力集中、滥用，使掌握权力的各个国家机关形成监督、制约和协调配合的关系，而不是纯粹为分配而分配。

其次，国家权力要产生应有的效能，也必须进行功能和结构的分配，使之协调一致。从结构功能主义角度而言，政治权力的有效行使，依赖政治权力的结构化。国家权力必须分配到具体的有生命的组织和个人，才能发挥应有的作用。其分配大致呈现横向分配（功能性分配）和纵向分配（结构性分配）两个路径。前者是指从横向上在中央国家机构层面构建国家政权机关、配置相应国家权力，由此形成宪法学上的政权组织形式；后者是指从纵向上构建中央与地方国家政权机关、分配相应国家权力，由此形成的国家整体与组成部分（中央与地方或联邦和所组成的州、邦、成员国单位之间）特定的政治关系和政治体制，即宪法学上的国家结构形式。

因此，从以上分析中可以看到，主权作为国家权力的重要组成部分，是可以被分配和授予的。部分主权的分配和授予一方面可以防范权力的过分集中，另一方面可以保障国家功能的高效发挥。

第三节　政体类型对主权违约意愿的影响

关于主权违约的分析，目前国内外通常认定的固有范式均为对一国主权履约能力和履约意愿的分析。从20世纪80年代开始，大量的学术文献（Manasse，Roubini，2009；Saiegh，2009；Reinhart，Rogoff，2011；Edwards，1986；Cantor，Packer，1996；Larrin，2012）从主权违约“片段（episodes）”的基本事实出发，解释了主权债务违约的影响因素主要有公共债务水平、经济增长率、外汇储备、全球风险因子等。

Eaton 和 Gersovitz（1981）最先区分了履约能力和履约意愿两者的区别，即前者由宏观经济状况决定，而后者由政治因素决定。2008 年全球金融危机之后，学者不断将对主权债务违约的关注点从履约能力转移到履约意愿上来。相较于对客观主权履约能力的量化分析，对主权意愿这一具有“主观特性”课题的研究显得并不是那么简单和直接，而多数学者也发现，履约意愿与一国的政治体制、政治稳定情况密切相关。Hotchondo 等（2009）讨论了主权借款人（国家）的异质性如何影响了主权违约的可能性，异质性主要体现为耐心程度的不同；Van Rijckeghem 和 Weder（2009）发现，在民主制国家中，足够的预算和议会制度降低了东道国外债违约的风险；在非民主制国家内，较低的违约风险通常与较高的政治稳定性、较低的集权程度和较长任期相伴随；Baldacci，Gupta 和 Mati（2011）利用 46 个新型市场国家的面板数据，验证了政治相关风险和财政稳固性对主权债权风险利率升水的影响。

可以看到，对主权偿债意愿的分析是考察主权风险的重要基础。一国政府的决策过程实质上是对实施某一项政策的成本收益进行分析的过程，而在政府是否选择偿还债务的决策中，理性的政府行为通常会比较履行偿债义务的成本收益与不履行偿债义务的成本收益，两者之间的差异决定了该国政府是否履行债务以及履行债务的程度。

具体来看，美国政府于 2011 年和 2013 年发生的政府“停摆”事件的背后即为国内政治力量在债务问题上互相博弈的结果。美国联邦政府债务上限因共和党在国会中的不合作态度而无法及时上调，但国会对相关议案的否决并未导致民主党政府失去执政地位，在不存在失去执政地位的顾虑下，政府与反对派的谈判能力较强，更有利于按照政府意愿推动债务问题的解决。

议会制下政府执政根基的稳定性取决于执政党是否获得在议会中的主导地位。当执政党获得超过 50% 的议会席位而占据绝对优势时，执政党政府能够获得稳定的权力基础从而推进其构想的公共政策。当执政党无法获得绝对优势而只能获得相对优势时，为获取稳定的执政基础，执政党一般会与其他进入议会的小党组成联合政府共同执政。在发生主权债务危机时，如若主要执政党的政策不能获得联合执政的其他小党支持，则政府极易失去议会主导权，并将面临下野风险。

典型的是欧洲诸多实行议会制的国家。大部分面临危机的国家在议会选举后均出现了较之前更明显的政党离散化局面。由于执政党很难获得议会内绝对多数的支持，因此，在与反对派讨论推进财政紧缩过程中，很容易因反对派提起不信任投票而失去执政地位，从而导致政府相继更迭。其中，希腊、意大利两国在 2011 年 11 月中旬形成看守内阁形式的职能性联合政府；西班牙中右翼政党人民党在 2011 年 11 月下旬赢得议会选举的多数席位，而葡萄牙早在 2011 年 6 月即实现了政权交替，中右翼社会民主党赢得大选，并与葡萄牙人民党联合执政。

总统制国家一般采取议会选举与总统选举分离并行的模式。如果某一政党获得总统选举和议会选举中的多数，则当选政府可以利用自己的执政党地位推动公共政策的通过。如果某一政党只获得总统选举的多数而在议会选举中只获得少数席位，则政府需要与国会反对派沟通，这种情况下政府的公共政策无法通过的可能性增加。尽管如此，由于政府首脑无须向议会负责，议会也无权对总统提出不信任案，因而在实际的政治运作中政府的执政地位较为稳定，发生主权债务危机时，由政党竞争导致政府更迭的可能性较低，执政党为保障偿债意愿而需付出的政治成本也相对较低。

因此，在对主权履约意愿进行考量时，应当注意到，政府在执行财政紧缩政策时面临的来自其他政党的阻力和由此产生的政治危机，是影响主权偿债意愿的重要因素。而不同政治体制下的政党对峙对政府偿债意愿的冲击存在一定差异。总体来说，总统制政体下的政党对峙对主权偿债意愿冲击相对较弱，议会制政体下的政党对峙对主权偿债意愿影响相对较强。

第四节　不同政体类型对于主权债务主体的认定

依据前文分析，主权是可以被分配和授予的，且政治体制及其运行模式的不同最终会影响主权债务履约的意愿。那么，这一逻辑可以延伸到在实际项目风险判定过程中，相关权益方为了控制或规避主权债务违约，判定不同政治体制下怎样的主权债务主体资格是可以被接受的这一要点就成了主权项目中较重要的一个环节。

主权外债可以表现为买方信贷、卖方信贷、主权担保、PPP 项目中涉及的政府付款义务等。主权信用与企业或自然人信用相比而言，贷款人与借款人义务与责任均呈现显著的差别。

第一，从贷款人的角度来看，对于面向企业或自然人的贷款，唯一需要考虑的是该笔贷款的经济和商业可行性；而主权贷款则通常不以经济可行性作为首要目的，更多侧重点是带动本国出口、就业以及其他政治层面的因素。

第二，从争端解决机制来看，对于企业或自然人的贷款，借款人无法偿还贷款时，债权方可以通过法律程序对其资产进行强制执行，一旦借款人申请破产程序之后，就意味着受到了破产程序的保护；而主权贷款的债务主体为国家，一般无法进行国家破产程序，并且国外对该国资产的权益也受到国际法和地域上的限制。从这一意义上来说，对于主权债务的主体认定应是保障债权人利益最基本、最重要的前提条件之一。只有满足债务的主权资质，债权人才有可能对该国带有主权性质的政府或相关机构进行相关权益的要求。

政体作为国家政权的组织形式，按照权力的集中方式和程度，一国政体的基本类型可以划分为君主制和共和制，关于君主制，本书主要讨论二元君主制和议会君主制；关于共和制，本书主要讨论总统制、议会制和半总统制。

一、君主制

君主制是君主为国家元首，并由其名义上或实质上执掌政府权力的政权组织形式，主要有二元君主制和议会君主制两种形式。

1. 二元君主制

二元君主制指国家政权由君主和议会共同掌握，但君主为国家权力中心的一种政体形式。比较典型的国家有沙特阿拉伯、文莱等国。在这种政体形式下，国家虽然制定了宪法、设立了议会，但君主仍然保持专制时代的权威，集立法、行政、司法和军事大权于一身，是权力中心和最高的实际统治者。此时，君主是真正的权力中心，拥有全部执行权，政府对君主负责而不对议会负责。议会只对君主起到制约作用，是君主的咨询机构，立法权是形式的，君主不仅拥有否决议会立法的权力，而且还通过任命或指定议员控制议会；内阁是君主行使行政权的机构，首相由君主任命。

在二元君主制制度下，君主权力基本不受制约，拥有行政权和立法权；立法议会是君主的协助机构，君主有权解散议会、否决议会决议，不经议会而颁布命令；内阁是协助君主理政的行政工具，不对议会负责。

综合二元君主制的权力组成和权力分配框架，满足以下任一条件，通常可以认定二元君主制国家的主权债务资格：

（1）主权债务相关签约方（政府机构、非政府机构或部门、政府官员等）具有君主的授权；

（2）主权债务相关签约方（政府机构、非政府机构或部门、政府官员等）符合该国宪法或法令规定的代表国家进行签约的资格；

（3）君主或法律的授权形式可以为一般性授权或针对性的授权；

（4）在该国法律许可范围内，君主的授权既可以是相邻层级授权，也可以是跨越层级的授权。如君主给予总理（首相）一定授权，在授权范围内，总理对其他机构或部门的授权也可认定为主权资格。

政府机构、非政府机构或部门、政府官员等的范围包括：中央政府，地方政府，财政部、经济计划部、国防部等政府部委，通过法案设立、政府具有控制权的法人团体，以及总理、部长等政府官员。

2. 议会君主制

议会君主制是指政府对议会负责、君主的权力受到议会约束、君主为虚位元首而无实际权力的国家。最早实行议会制君主立宪制的国家是英国。在议会君主制国家，议会权力大为增强，议会成为国家最高立法机关；内阁由议会产生，而且对议会负责。与此相对应，君主的实际权力大为减弱，君主的职责大多是礼仪性的；有的君主甚至不具有形式上的权力，仅仅是象征性的国家元首。议会君主制的特征主要有：

第一，君主的权力在国家政权运作的各个领域（尤其是立法和行政）中都受到极大限制，只担任虚位国家元首，以示国家象征。如泰国宪法第2条规定“泰国实施以国王为国家元首的民主政体”，第3条规定“最高主权来自泰国人民，国王作为国家元首，依照本宪法之规定通过国会、内阁和法院行使权力”；柬埔寨宪法第1条规定“柬埔寨为君主立宪制国家，实行多党民主政体和自由市场经济体制。”

第二，立法权完全属于普选产生的议会，也就是最高立法机关，议会通过法律后交由君主颁布。泰国宪法规定：国王只有通过并获得国会咨询和同意之法案，才能公布为法律，法案经国会通过后由总理呈请国王签署；马来西亚宪法规定联邦之立法权在国会，并经最高元首御准之。可见国家君主公布、签发或御准这一特权通常流于形式。一方面，君主拒绝签署最终也无法对抗民主的立法，如国王拒绝同意法案或将法案退还国会或既不同意也不在规定的时限内退还，国会应再度审议该法案，如两院议员总额2/3以上表决维持原决议，总理应再度呈请国王签署，如国王仍拒绝签署或退回，则总理应将该法案刊登政府公报，视为国王已签署同意；另一方面，即使没有宪法明文规定，依照宪政习惯和政治实践，君主一般都不会拒绝签署议会已通过的法律。

第三，政府拥有行政权，为其执行活动向议会负责。内阁掌握实际行政权力，由议会产生，向议会负责。通常内阁由在议会中占有多数席位的政党或政党联盟中产生，内阁首脑一般由拥有多数代表席位的政党领袖担任。

综合议会君主制的权力组成和权力分配框架，满足以下任一条件，通常可以认定议会君主制国家的主权债务资格：

（1）主权债务相关签约方（政府机构、非政府机构或部门、政府官员等）具有议会的授权；

（2）主权债务相关签约方（政府机构、非政府机构或部门、政府官员等）具有内阁首脑的授权；

(3) 主权债务相关签约方（政府机构、非政府机构或部门、政府官员等）符合该国宪法或法令规定的代表国家进行签约的资格；

(4) 议会或内阁的授权形式可以为一般性授权或针对性授权；

(5) 在法律许可范围内，议会或内阁的授权既可以是相邻层级授权，也可以是跨越层级的授权；

(6) 君主在议会或内阁的授权范围内，对主权债务相关签约方（政府机构、非政府机构或部门等）的授权。

二、共和制

共和制是资产阶级国家采取的较为普通的政权组织形式。它通常是指国家最高权力机关和国家元首由选举产生，并实行限任制的政权组织形式，是资产阶级实现其阶级统治的理想形式。根据在最高国家政权机构体系中的主导地位，英国的历史殖民地多采取了议会制的组织形式，以美国为代表的美洲国家多数采取了总统制组织形式。从总统、议会和政府三者关系上来看，共和制又分为总统制、议会制和半总统制（又称议会制一总统制）三种。

1. 总统制

总统制是指在一个国家内，以总统为国家元首，并且总揽行政大权的政体，总统同时也是政府首脑，并兼任武装部队最高指挥官，与国会议员分别经由人民选举产生，各自对人民负责，其政治格局为总统执掌强大的执行权，议会坐拥立法权。美国是最早的总统制国家，也是目前最典型的总统制国家。总统制通常配合的国家权力分配形式是孟德斯鸠提出的三权分立，即由国会（议会）掌握最高立法权，总统掌握最高行政权，最高法院掌握最高司法权。因此，独立选任的总统，无论是否得到议会的支持，都在法定的期限内任职，总统拥有相当多的决策权和执行权；同时，议会保留有较多的决策权，并对选民负责。

在不同国家，总统制政体下的国家总统的权利也有差异，如美国总统的权力通常会受到国会的制约，但是南美洲和非洲一些国家，总统的权力几乎不存在限制。如最近土耳其修宪投票的通过，就象征着土耳其总统埃尔多安从本质上凌驾于议会之上，而议会只能对副总统和内阁成员进行问责调查，不能弹劾总统。

总统制的主要特征如下：

第一，总统既是国家元首又是政府首脑，总揽行政权力，公布法律、发布命令不需副署。除了个别重要任命需要通过议会外，政府官员由总统任命，向总统负责；

第二，行政机关和立法机关相互独立。作为立法机关的议会，其议员不能兼任行政职务；而作为行政机关的政府官员，也不能兼任议员；

第三，总统与议会的任期相对内阁制固定。总统无权解散国会，国会议员不能对总统投不信任票，但是总统违宪或有严重违法行为的话，国会可以对总统提出弹劾案，并交由最高法院审理。

综合总统制的权力组成和权力分配框架，满足以下任一条件，通常可以认定总统制国家的主权债务资格：

（1）主权债务相关签约方（政府机构、非政府机构或部门、政府官员等）具有总统的授权；

（2）主权债务相关签约方（政府机构、非政府机构或部门、政府官员等）具有内阁的授权；

（3）主权债务相关签约方（政府机构、非政府机构或部门、政府官员等）符合该国宪法和相关法令规定的代表国家进行签约的规定；

（4）总统、内阁或法律的授权形式可以为一般性授权或针对性授权；

（5）在法律许可范围内，总统、内阁或法律给予的授权既可以是相邻层级的直接授权，也可以是跨越层级的间接授权。

2. 议会制

议会制是指议会掌握国家最高权力的政体，不仅仅限于立法权。议会制下分为议会君主制和议会共和制。议会君主制已在前文有过论述。议会共和制与议会君主制国家不同的是，议会共和制国家一般由议会或者议会专门委员会选举虚位国家元首。与议会君主制相似的是，议会共和制下的总统一般不掌握实际权力，只是虚位元首。

在议会共和制国家，几乎所有的事务都需要由议会投票进行表决，即使首相也不能在没有得到议会授权的情况下做出决定。议会制也称责任内阁制，内阁产生于议会并由占多数席位的政党成员组成；政府由总理组建并领导，向议会而非总统负责；当议会通过对内阁的不信任案后，内阁必须辞职或提请国家元首解散议会，进行改选，以使新议会决定内阁的去留。

议会共和制的特征：

第一，议会是国家权力的中心，立法机关与行政机关并不完全分立；

第二，国家元首通常是仪式性职务，不享有实际的行政权；

第三，行政中枢为政府的内阁，由政府首脑（一般为总理或首相）领导，政府首脑往往由议会多数党领袖担任；

第四，总理或首相以及全体内阁成员一般也是从议会议员中产生，并在任职后保留议会中的议席，并向议会负责；

第五，多数议会制国家行政首长通常是议会多数党领袖担任，向议会负责，不过任期固定，不会受议会影响。有少数议会共和制国家（如南非、博茨瓦纳、马绍尔群岛、瑙鲁）行政首长就是国家元首（一般是总统）。

综合议会共和制的权力组成和权力分配框架，满足以下任一条件，通常可以认定议会共和制国家的主权债务资格：

（1）主权债务相关签约方（政府机构、非政府机构或部门、政府官员等）具有议会的授权；

（2）主权债务相关签约方（政府机构、非政府机构或部门、政府官员等）具有内阁的授权；

（3）主权债务相关签约方（政府机构、非政府机构或部门、政府官员等）符合该国宪法和相关法令规定的代表国家进行签约的规定；

（4）议会、内阁或法律的授权形式可以为一般授权或特定资格；

（5）在法律许可范围内，议会或内阁的授权给予既可以是相邻层级的直接授权，也可以是跨越层级的间接授权；

(6) 总统在议会或内阁的授权范围内，对主权债务相关签约方（政府机构、非政府机构或部门、政府官员等）的授权。

3. 半总统制

半总统制又称双首长制、混合制，是一种同时具有“总统制”和“议会共和制”特点的共和制政体。半总统制的总统作为国家元首有一些特殊的权力，总理领导的内阁有相对较稳固的地位，国会权力相对缩小。半总统制政体以法国、俄罗斯、波兰等最为典型。

在第五共和建立时，吸取了前几次共和时期议会制失败的教训，因此开创并执行半总统半议会民主制（半总统制），维持到现时法国的政体，并未改变。法国总统由选举产生，总览行政权，并主要负责对外事务。总理领导政府的活动，虽向议会负责，但却听命于总统，起辅佐总统的作用，其政府成员亦由总理提请总统任免。国民议会和参议院虽拥有立法权、预算表决权和监督权，但却受到总统与政府的限制。总理由总统根据议会选举的结果任命，总理组建内阁，对国会负责，主要负责对内事务。

在半总统制国家中，总统由全民投票选举产生，有法定的任期，而无论是否得到议会的支持。总统拥有重大权力，总理由总统任命和撤换，但也要获得议会中的多数支持。这些国家都实行多党制，而实行混合制是既要避免议会制下政府的频繁更迭，又要避免权力过分集中。半总统制的优点在于总统的行政权被分割，制约了权力；缺点在于一旦总统和总理来自不同政党，亦会导致行政效率低下。

半总统制兼有总统制和议会制的特征，具体表现为：

第一，总统拥有相当程度的行政权，在一些实际运作上，甚至超越总统制下的总统。如半总统制国家的总统可能拥有解散议会、提议举行公民投票等权力，甚至可以在国家出现紧急状态时行使非常权力，而总统制下的总统一般不具备这些权力。所以半总统制国家的“三权分立”实质上成了围绕总统的权力，因为无论在法律上还是实际上总统都凌驾于行政、立法、司法三权之上；

第二，内阁的地位稳定，政局较平稳，不易发生剧烈震荡；

第三，总统与议会均由人民直接选举产生；

第四，内阁向议会负责；

第五，议会能对内阁表示不信任；

第六，非固定的议会议员任期，内阁成员亦可能兼任议会议员。

综合半总统制的权力组成和权力分配框架，满足以下任一条件，通常可以认定半总统制国家的主权债务资格：

（1）主权债务相关签约方（政府机构、非政府机构或部门、政府官员等）具有总统的授权；

（2）主权债务相关签约方（政府机构、非政府机构或部门、政府官员等）具有内阁的授权；

（3）主权债务相关签约方（政府机构、非政府机构或部门、政府官员等）符合该国宪法和相关法令规定的代表国家进行签约的规定；

（4）总统、内阁或法律的授权形式可以为一般性授权或针对性授权；

（5）在法律许可范围内，总统或内阁的授权既可以是相邻层级的直接授权，也可以是跨越层级的间接授权。

4. 总统制和议会制的差异

作为共和制国家最主要的两种政体表现形式，总统制和议会制的制度差异主要体现在行政和立法部门的关系上，行政和立法关系的不同造成了两者的制度性差异，进而造成在其他条件类似时，两种不同政体制度下的国家在公共开支、税收、公共物品提供、产权保护等方面的政策偏好和倾向。

首先，在总统制下，议员和总统都是由选民直接选举产生的，而选民们的偏好肯定在两者之间是有差别的，所以，议员和总统之间的意图是分离的；其次，由于分权的存在，议会和总统直接的关系是一种制约平衡的关系，即主要是一种竞争而非共谋性的关系；最后，由于行政权力的行使并不需要议会多数的持续性的支持，行政部门单方面的权力是较大的。而在议会制下，情况却与此相反。

作为政治输出的政策一般被认为是选民和政治家们偏好的反映，但是，由于体制的不同，即偏好显示和表达机制的不同，即使是相同的偏好在不同的体制中所产生的政策也是不一样的，特别是在某种程度上也会表现出极大不同。

以与主权债务密切相关的公共开支和税收政策为例。在议会制下，由于立法多数和行政之间的意图是一致的，并且多数选民的偏好是通过他们选择的立法多数来体现的，所以，立法者多数倾向于追求选民们的共同利益；而在总统制下，由于没有此多数，各个少数在不同的问题上就利益展开竞争。所以，均衡开支在议会制下指向的是受益范围宽广的项目，而总统制下的指向性项目则比较多；其次，在议会制中，由于稳定的立法多数以及支持他们的选民都是预期剩余权利者，所以两者都倾向较高的税收和支出。而在总统制下，由于不存在这样的团体，所以高支出通常会受到抵制。

本章小结

在国际法领域，主权是近代国家构成的重要因素之一，一般被定义为国家对外独立自主和进行自卫、对内行使最高权力的能力。

1. 从国家分配的宪政价值和应有效能两方面的意义来看，国家权力的分配具有必然性，进而国家主权的分配也就有其合理性和必要性。

2. 对主权偿债意愿的分析是考察主权风险的重要基础。一国政府的决策过程实质上是对实施某一项政策的成本收益进行分析的过程，而在政府是否选择偿还债务的决策中，理性的政府行为通常会比较履行偿债义务的成本收益与不履行偿债义务的成本收益，从而做出决策。

3. 在跨境项目的实际操作中，相关权益方为了控制或规避主权债务违约，需要对不同政治体制下主权债务主体资格具备清晰的认识。

4. 本章在政治权力分配和结构的分析框架内，得到结论，君主制和共和制下的代表性不同政体类型，主权的认定具有一定的标准和规范。从主权债务主体来看，本书能够为金融机构对于主权信用的相关研究提供具有广泛借鉴意义的分析框架和判定逻辑。

第二篇

第三章

跨境直接投资理论和中国对外投资发展现状

第一节　跨境直接投资发展历程和现状

我国对外直接投资的动机比较复杂，主要包括能源寻求型、市场驱动型、要素驱动型及壁垒规避型等。从微观方面来看，企业进行对外投资“走出去”的动因主要分为市场寻求型、技术寻求型和资源寻求型等，具体可以表现为寻求新的业务机会、学习先进的技术和管理理念、规避国内激烈的市场竞争、分散业务和市场风险、提高生产效率等。从宏观方面来看，国内企业的对外投资有利于提升整体国民经济的全要素生产率、保障国家能源安全、带动出口以及通过工程承包项目缓解国内的就业压力等。

自 2005 年以来，我国对外直接投资流量和存量增长速度均呈现大幅提升，存量排名也同时跻身全球前列。十年来，中国对外直接投资不仅经历了总量的大幅攀升，其内在结构也发生巨大的变化，主要体现在地域分布、行业分布、投资方式、投资主体等多个方面，具体表现为：我国跨境直接投资规模持续增长，但是年均增长率出现放缓，与经济“新常态”一致，同样出现“中速换挡”期；在结构方面，我国服务业对外直接投资成为海外投资第一大行业，对外投资向“轻型化”投资方向发展，显示了“调结构、促改革”的重要目标成果；从投资的参与主体来看，国有企业占比持续下降，而股份制企业占比迅速上升，体现了对外直接投资参与主体的“市场化”趋势；在区域来源方面，最近几年来，西部地区的对外直接投资水平明显加大，与早期对外直接投资集中于东部沿海地区相比，对外直接投资来源地更加分散，“全局对外开放”战略目标有所体现；从目的地来看，亚洲地区仍是我国对外直接投资第一大板块，欧洲和北美地区投资上升较快，为“一带一路”经济构想奠定了坚实基础，同时为产业升级提供了新的动力和技术支持；在海外直接投资结算货币方面，人民币占比增长迅速。虽然美元仍是目前主要的贸易和投资结算货币，人民币国际化进程加快以及 CIPS 的投入使用将使人民币在未来对外投资结算中占据一席之地（栗亮，2015）。此外，人民币对外直接投资与人民币贸易结算之间存在交互效应，投资渠道的人民币使用有助于提高人民币在出口贸易结算中的使用比例。

表 3.1　2002—2015 年中国对外直接投资情况　　单位：亿美元

年份	流量	存量	全球排名
2002	27	299	25
2003	28.5	332	25
2004	55	448	27
2005	122.6	572	24
2006	211.6	906.3	23
2007	265.1	1179.1	22
2008	559.1	1839.7	18
2009	565.3	2457.5	16
2010	688.1	3172.1	17
2011	746.5	4247.8	13
2012	878	5319.4	13
2013	1078.1	6604.8	11
2014	1231.2	8826.4	8
2015	1456.7	10978.6	8

资料来源：中国对外直接投资统计公报。

根据商务部 2016 年底的消息发布，2016 年，我国境内投资者全年共对全球 164 个国家和地区的 7961 家境外企业进行了非金融类直接投资，累计实现投资 1701 亿美元，同比增长 44.1%。

根据商务部统计结果，2016 年我国对外直接投资主要呈现以下特征：

第一，中国对“一带一路”沿线国家直接投资继续攀升。2016 年全年，中国企业对“一带一路”沿线国家直接投资 145.3 亿美元，约占全年总投资额的 8.53%。中国企业在“一带一路”沿线国家建立初具规模的合作区 56 家，累计投资 185.5 亿美元，入区企业 1082 家，总产值 506.9 亿美元。

第二，对外投资行业结构进一步优化，实体经济和新兴产业受到关注。2016 年全年，对制造业，信息传输、软件和信息技术服务业以及科学研究和技术服务业的对外直接投资分别为 310.6 亿美元、203.6 亿美元和 49.5 亿美元。其中对制造业投资占对外投资总额的比重从 2015 年的 12.1% 上升为 18.3%；对信息传输、软件和信息技术服务业投资占对外投资总额的比重从 2015 年的 4.9% 上升为 12.0%，对外直接投资行业不断向“轻型化”演进。

第三，并购投资继续成为对外直接投资的“关键势力”，以国外并购方式支持结构调整和转型升级的领域成为热点。2016 年全年，我国企业共实施对外投资并购项目 742 起，实际交易金额 1072 亿美元，涉及 73 个国家和地区的 18 个行业大类。其中对制造业，信息传输、软件和信息技术服务业分别实施并购项目 197 起和 109 起，占境外并购总数的 26.6% 和 14.7%。

第四，地方企业占据对外直接投资主导地位，长江经济带沿线省市表现活跃。2016 年全年，地方企业对外直接投资 1487.2 亿美元，占同期对外直接投资总额的比重从 2015 年的 66.7% 增至 87.4%。其中长江经济带沿线省市对外直接投资 604.6 亿美元，占全国对外直接投资总额的 35.5%。上海市、浙江省和江苏省对外直接投资分别为 251.3 亿美元、131.6 亿美元和 109.4 亿美元，位列各省区市对外投资的第一、第五和第七。

第二节　跨境直接投资理论基础

近半个世纪以来，各国学者对国际直接投资进行的理论和实证研究并未间断。在本部分，本书借鉴国内外研究成果，选择以下几种经典理论，从资本流动视角、发达国家对外直接投资理论、发展中国家对外直接投资理论、中国对外直接投资理论的角度对对外直接投资理论进行综述。

一、资本流动视角下的跨境直接投资理论

何帆、姚枝仲（2013）从国际资本流动的视角解释了海外投资理论。资本的“逐利性”告诉我们，资本收益率的差决定着资本流动的方向。这也就意味着资本应从富裕国家向贫穷国家流动，即从人均资本存量较多而资本边际生产力较低的国家，流向人均资本存量较低而资本边际生产力较高的国家。国际资本的这一流动可同时提高富国和穷国的福利，富国将获得更高的资本收益，而穷国则有更多的金融资本用于物质资本投资，如机器、设备和基础设施等，可提高穷国的就业和收入水平。根据新古典增长理论，一个很自然的预期是，经济开放将导致更多的资本从发达国家向发展中国家流动，从而所有国家的福利均可得到提高。但这只不过是一个乐观的理论假设，现实的国际资本流动与理论假说相差悬殊甚至截然相反。

Lucas（1990）在美国经济评论上一篇著名的论文中指出，资本从富国流向穷国的规模非常小，远低于新古典增长理论的预测规模。这就是著名的卢卡斯悖论（Lucas Paradox）。那么，金融全球化和国际资本流动自由度的提高能解决卢卡斯悖论问题吗？在卢卡斯悖论提出后的30年间，金融全球化呈现加速的趋势，国际资本的跨境流动规模迅速增长。尽管发展中国家，特别是新兴国家更深入地融入了国际金融一体化的进程中，但令人惊讶的是，国际资本的反常状况非但没有缓解，反而进一步强化。

根据何帆、姚枝仲（2013）的测算，1980—1998年，资本输出国的人

均收入水平一致高于资本输入国。这说明，国际资本是从富裕国家向贫穷国家流动。这与新古典增长理论的预测方向是一致的。不过，资本从发达国家向发展中国家的流动规模并未如新古典增长所预期的那么大；1999—2008年，资本输出国的人均相对收入水平持续低于资本输入国，表明国际资本的流动方向发生了转折，已不仅仅是从富裕国家向贫困国家的流入量不足问题，而是持续从贫穷国家向富裕国家流动，即出现了资本逆流现象。这与新古典增长理论的预测方向正好相反。

卢卡斯悖论的提出，引发了学者对国际资本流动悖论问题的热烈讨论，催生了一批试图解释国际资本流动悖论的理论假说和经验文献。学者们主要从人力资本素质、制度质量（政治风险）、资本市场不完善（金融摩擦）和国际货币体系失序等维度。同时，发达国家投资存在的本土偏好（home bias）倾向，即发达国家的企业不愿意到国外投资，也从一个侧面对卢卡斯悖论做了证实。

如Lucas（1990）提出了人力资本差异说，即发展中国家人力资本积累水平低是导致资本不从发达国家向发展中国家流动的主要因素；除强调人力资本外部性等基本因素外，Lucas（1990）还分析了政治风险（政府违约）所引发的国际资本市场不完善对发展中国家与发达国家之间资本流动的影响；此外，关于资本从发展中国家向发达国家的净流动，一种观点认为，发展中国家低效率的金融系统鼓励了储蓄而非投资。另一种观点认为，金融系统越发达的国家，越有可能生产出更具安全性和流动性的金融产品，发展中国家通过经常账户顺差去购买发达国家的金融资产。而且，金融发达程度的差异，不仅用来解释资本从发展中国家向发达国家的流动，而且可以说明美国为何吸引如此大规模的外国资本；关于“本土偏好”，一般认为发达国家的资本具有强烈的“本土偏好”，即发达国家的资本不愿意到国外投资，而是高度倾向在国内投资，是导致资本不从富国向穷国流动的一个重要因素。

二、发达国家跨境直接投资理论

二战之后，国家垄断资本主义逐渐占据全球经济统治地位，资本流动方向也主要体现为历史宗主国与殖民国之间的流动。因此，传统的对外直接投资理论多数以发达国家作为研究对象。发达国家的对外直接投资理论主要包括垄断优势理论、内部化优势理论、国际生产折中理论、产品生命周期理论、比较优势理论等（王海军，2014）。

1. 垄断优势理论

垄断优势理论又称特定优势理论，是研究对外直接投资的最早的理论。这一理论由海默于 1960 年在其博士论文《国内厂商的国际化经营：关于对外直接投资的研究》中首先提出：一个企业之所以要对外直接投资，是因为它比东道国同类企业有利的特定优势，从而在国外生产可以赚取更多利润。这种特定优势包括：产品市场优势，如产品的差异化性能、商标、营销策略和技术等；生产要素市场优势，如组织管理优势、筹资能力优势、技术创新优势及规模经济优势等。这些思想后经海默的导师金德尔·伯格及其他学者的补充和完善形成了系统的垄断优势理论。

垄断优势理论被认为是西方研究对外直接投资的理论先驱。这一理论的核心思想在于突破了西方传统的古典主义经济学中的完全竞争和完全市场假定，指出了不完全市场竞争条件下，对外直接投资是如何存在及如何开展的。同时，垄断优势理论将对外直接投资与间接投资进行了比较严格的区分。海默认为，利率差异可以解释借贷资本的国际运动，即国际投资，但不能很好地解释国际直接投资。要探寻国际直接投资的真正动因，就必须放弃完全市场竞争假定。垄断理论强调技术等核心优势对跨国经营的重要性，为国际投资理论的进一步深入开辟了广阔空间，但是这一理论还无法解释为什么不具有技术等垄断优势的发展中国家的对外直接投资也日益增多的现象。

2. 内部化优势理论

市场内部化理论来源科斯的交易成本理论。20 世纪 70 年代中后期，随着西方跨国公司的迅速发展，海默等人的垄断优势理论已无法对此进行更有说服力的解释，为此英国学者巴克利和卡森在其合作出版的《跨国公司的未来》中系统提出了市场内部化理论。该理论以市场不完全作为假设前提，强调由于市场的不完全性，通过外部市场交易必然导致交易成本的增加，从而难以保证厂商最大限度地获取利润，而通过企业内部组织体系的运行把一部分交易内化于企业中则可以节省市场交易成本。当然，只有内部化的成本小于市场交易的成本时，内部化才有意义。内部化的收益至少包括：（1）减少企业经营的不确定风险；（2）维持获得最大化利润的产品价格；（3）减少企业对特定生产要素的市场依赖；（4）减少信息不对称。交易市场成本则包括价格发现的成本、谈判的成本、赋税的成本及解决争议的成本。企业内部化的实质是将垄断优势保留于企业内部而替代市场交易，这种内部化扩展到国际市场，就形成了跨国公司，跨国公司的对外直接投资也是企业内部化的必然发展结果。

巴克利和卡森的内部化优势理论首次从企业组织的角度解释了对外直接投资的动因，将跨国公司的内部组织运作与对外直接投资联系起来。但这一理论忽视了国际环境对跨国公司对外直接投资的影响，仅从企业内部寻找对外直接投资的动因显然是不充足的，包括东道国的市场环境及国际政治经济变动显然都会对跨国公司的对外直接投资产生重大影响。

3. 国际生产折中理论

英国学者邓宁在 1976 年发表《贸易经济活动的区位与跨国企业：折中理论探索》，用折中主义来解释对外直接投资。1981 年邓宁又出版了《国际生产与跨国企业》一书，对这一理论进行了系统的整理和阐述，形成了对外直接投资影响最大的理论框架。该理论的核心思想由三部分内容构成：一是继承了海默等人的传统垄断优势理论；二是吸收了阿利伯的安全通货和以罗格曼的证券投资分散风险为代表的金融理论，并借鉴了厂商内部化优势理论；三是提出了区位优势理论。由此该理论认为跨国公司的对外直接投资取决于三个基本因素：所有权优势、区位优势及内部化优势。

邓宁的生产折中理论是在吸收过去国际投资和投资理论的精华基础上提出来的，他既肯定了绝对优势对对外直接投资作用，也强调了相对比较优势对对外直接投资的影响，在一定程度上弥补了发展中国家对外直接投资理论上的不足。

4. 产品生命周期理论

产品生命周期理论是由美国经济学家维农首次提出。维农通过对战后美国跨国公司的实证研究，指出了影响跨国公司对外直接投资的产品生命周期三阶段：新产品阶段、成熟产品阶段和标准化阶段。

5. 比较优势理论

比较优势理论由日本学者小岛清于20世纪70年代中期提出。小岛清认为，欧美等发达国家的对外直接投资模式遵循垄断优势理论，但是这一理论违背了国际贸易中的比较优势理论，并不符合日本等国的对外直接投资现状。欧美等国的对外直接投资是从最具有优势的产业开始，并且以攫取巨额垄断利润为目标，并不实施技术转让。这种模式的后果是造成国际收支失衡，减少了国内就业机会，加速产业机构老化，违背了国际分工的基本原则，无论是对投资国还是被投资国的经济持续发展都是不利的。与欧美模式相反，日本将对外直接投资与国内产业结构的优化调整结合起来，充分利用国际分工。日本将那些失去比较优势的产业的生产基地迁移到国外，从而补充、扩大对外贸易，而那些具有比较优势的产业则留在国内继续发展，这样通过对外投资与国际贸易的有机结合，实现国内产业机构的动态调整，使对外投资成为本国产业良性发展的手段。

三、发展中国家跨境直接投资理论

20世纪90年代之后，随着全球化的深化，全球贸易和投资的跨国流动规模呈现显著增长，跨国投资的方式和途径越来越多元化，发展中国家对发达国家的对外投资、发展中国家之间的跨境流动越来越普遍地出现在国际资本市场上。以发达国家作为研究对象的对外直接投资理论似乎无法解释这一现象，在此背景下，许多学者相继开始探索发展中国家资本大规模流出的奥秘。其中较有代表性的理论是技术地域化理论、小规模技术理论、投资发展周期理论等（王海军，2014）。

1. 技术地域化理论

该理论是英国学者拉奥于 1983 年出版的《新跨国公司：第三世界企业的发展》一书中首次提出的。该理论的核心思想是发展中国家的跨国公司也可以通过对成熟技术或生产工艺的应用和改进形成自己的独特优势，这种特定优势进一步来自：（1）技术或产品的地域化改造，从而使其更符合发展中国家当地市场的需要；（2）小规模的生产和标准化技术的结合，可以实现产品的最佳经济效益；（3）产品与国内的收入水平和消费水平相适应；（4）由文化传统、语言、宗教和地理等因素导致的特定优势。以上优势可以带动发展中国家跨国公司向其他发展中国家甚至发达国家的对外直接投资。

2. 小规模技术理论

该理论由美国经济学家威尔斯于 1983 年出版的《第三世界跨国企业》一书中提出。威尔斯认为传统的对外直接投资理论将竞争优势绝对化，但是对于发展中国家而言，企业的竞争优势是相对的，且主要来自于与投资国市场特征密切相关的生产成本。对于发展中国家企业而言，其竞争的相对优势主要来自三个方面：（1）小规模的市场往往需要小规模的技术，可以满足低收入国家市场需求有限的特征，而大规模生产是难以实现规模经济效应的；（2）发展中国家的民族产品的海外生产方面具有优势；（3）产品价格的低廉和毗邻市场优势使发展中国家企业更能适用海外市场竞争。

3. 投资发展周期理论

该理论是邓宁在总结生产折中理论缺陷的同时提出来的，他将一国的经济发展水平与其对外直接投资地位联系起来，动态分析了发展中国家对外直接投资的历史发展过程。邓宁通过对 67 个发达国家和发展中国家 1967—1978 年的对外直接投资数据和经济发展阶段研究发现，当人均国民生产总值达到一定阶段后，对外直接投资的流动与经济发展水平就高度相关。具体而言，他将经济阶段划分为四个阶段：（1）第一阶段（人均 GNP 低于或等于 400 美元），处于这个阶段的国家完全没有对外直接投资，仅有少量的外资流入；（2）第二阶段（人均 GNP 在 400～2000 美元），在这一阶段，外国对本国的直接投资增加，但是本国对外的直接投资很少；(3) 第三阶段（人均 GNP 在 2000～4750 美元），这一阶段由于经济实力增强，本国的对外直接投资大幅增长，但是仍属于净对外直接投资流入国；第四阶段（人均 GNP 在 4750 美元以上），这一阶段意味着一国已经达到发达国家行列，该国拥有强大的内部化优势和所有权优势，其净对外直接投资逐渐扩大。

四、中国对外直接投资理论

Filip，Daniel（2012）认为，过去二十年的时间已经见证了国际商务活动的区位转移以及世界经济舞台上新参与者发生的诸多急剧变化，目前国际各业界对于国际商务活动的关注点主要集中在资源分配过程中制度和信仰体系的作用，并成为变化的主要引发点。根据 John Dunning（2010）：中国经济的高速增长和印度对于全球需求市场的开放正在重新配置经济活动的空间图景。在他关于 2008 年金融危机的反思中，John Dunning 列举了来源亚洲发展中国家的跨国公司成了主要的跨国投资者，是 20 世纪 90 年代以来全球经济发生的六个变革中最主要的变化之一。

作为目前全球最大的发展中国家，近年来中国的对外直接投资出现了迅速增长的态势，这一现象已经在本书前文中做出了充分论述。尽管发展中国家的对外直接投资理论能够部分解释中国的对外投资现实，但是中国是否需要一种特殊的理论嵌套在一般理论之上，这一问题仍值得进一步讨论。中国资本市场的不完善、跨国公司的特殊所有权关系、独特的政治制度三个制度方面的特征决定了中国对外经济和开放路径将遵循自身独特的发展轨迹。

Kolstad，Wiig（2009）认为，截至目前，关于一国 FDI 的决定因素存在于大量的计量文献，同时，这类文献也显示 FDI 较易流向制度较好的国家，但是由于 FDI 总体上来自发达国家，这一结论是否适用于中国的对外投资仍然是一个开放性的问题。由于来源发展中国家的 FDI 的文献不断增多，这意味着这一类型的资本流动可能与发达经济体呈现不同的特征

(Filatotchev et al., 2007)。

目前国际上关于中国 FDI 的研究主要关注中国作为 FDI 的目的国，而非来源国。截至目前，关于中国对外投资主要存在三类计量研究结论：第一类，以 Buckley（2007）为代表，通过数据检验得到结论，即中国的对外直接投资主要被吸引到较差制度（高政治风险）的国家；第二类，以 Cheung，Qian（2008）为代表，这类研究并没有发现类似 Buckley（2007）关于东道国制度的显著结果，但是，其发现中国 FDI 主要与东道国的自然资源禀赋呈正相关关系；第三类，结合了以上两种观点，认为中国的对外投资者更易被丰富的自然资源、较差的制度环境所吸引。

综上所述，国际学者对中国跨境直接投资的研究主要集中于投资动机和影响因素。尽管其他研究证明了良好的东道国制度能够吸引国外投资者，但是这一研究结论似乎并不适用于中国。未来研究需要结合中国特色和中国现实，对中国的对外直接投资理论进行适用性方面的改进和创新。

本章小结

1. 2016 年，我国境内投资者实现非金融类直接投资 1701 亿美元，同比增长 44.1%，主要呈现如下特点：中国对“一带一路”沿线国家直接投资继续攀升；对外投资行业结构进一步优化；并购投资继续成为对外直接投资的“关键势力”；地方企业占据对外直接投资主导地位。

2. 资本流动视角下的海外直接投资理论提出了对外直接投资的流向问题。在卢卡斯悖论的理论基础上，可以看到，跨境直接投资作为资本流动的一种方式，其流动方向并不是单一的，而是由多种因素共同决定的，其不同时期会呈现不同的流动特征。在全球化的大背景下，经济环境和经济时代在变，但资本的跨境流动却是一个永恒的话题。

3. 以发达国家作为研究对象，传统的跨境直接投资理论主要包括垄断优势理论、内部化优势理论、国际生产折中理论、产品生命周期理论、比较优势理论等；随着发展中国家经济地位的崛起，以发展中国家作为研究对象的对外直接投资理论主要包括技术地域化理论、小规模技术理论、投资发展周期理论等。

4. 作为发展中经济体中的一员，中国目前已经步入了资本净输出阶段，对于以上对外直接投资理论的适用性仍有待观察。中国企业“走出去”道路并没有完美的理论和样本去观摩、去学习，唯一的途径是“干中学”，即对境外投资中可能面对的风险具备清醒的认识、尽可能清晰地把控风险。

第四章

跨境直接投资过程中面临的政治风险类型

第一节　跨境投资风险大，政治风险尤甚

自改革开放以来，中国对外贸易和吸引外商直接投资取得了巨大成就。为适应激烈竞争的国际环境，我国适时提出了“走出去”的对外开放战略，以达到“充分利用国际、国内两个市场，充分利用国际、国内两种资源”的目标。我国对外直接投资从2003年开始真正起步，迄今为止已经得到了迅猛的发展，我国企业“走出去”逐渐步入从商品、产能输出为主向技术、资本输出为主的过渡阶段。党的十八届三中全会明确提出：扩大企业及个人对外投资，确立企业及个人对外投资主体地位，允许发挥自身优势到境外开展投资合作，允许自担风险到各国各地无自由承揽工程和劳务合作项目，允许创新方式去开展绿地投资、并购投资、证券投资、联合投资等。

随着2015年3月《推动共建丝绸之路经济带和21世纪海上丝绸之路的远景与行动》的发布，“一带一路”战略不仅仅局限于国家战略上的顶层设计层面，而是落实到了具体国别、具体项目层面，“中巴经济走廊”项目清单已经成了“一带一路”的“样板”合作模式，预计未来将有更多的国家、项目进入“一带一路”合作清单。与21世纪初的对外开放模式不同，当前中国已经积累了充足的外汇储备，许多关键技术也走在了国际同行的前列。因此，“资本走出去”“技术走出去”将成为未来一大趋势。

在此背景下，中国海外直接投资将成为输出资本、输出技术、获得资源的最为有效的方式之一。

尽管如此，我国对外投资企业在项目开发和运营过程中却不断面临着各式各样的难题和挑战，以资源类海外投资为例。

在我国对外直接投资的行业分布中，采矿业①长期占据十分重要的地位。如图 4.1 所示，2006—2014 年，采矿业存量占比基本维持在 15% 的水平，而采矿业流量占比近些年有所下降，由 2006 年的 50% 下降至 2014 年的 15%。据统计，在 2005 年至 2014 年 6 月，以所有 100 万美元以上的项目为统计样本，中国总的对外投资额为 8700 亿美元，其中，能源投资达到 3960 亿美元，占比达到 45.5%，对金属与矿产资源的投资 1240 亿美元，占比 14.2%。

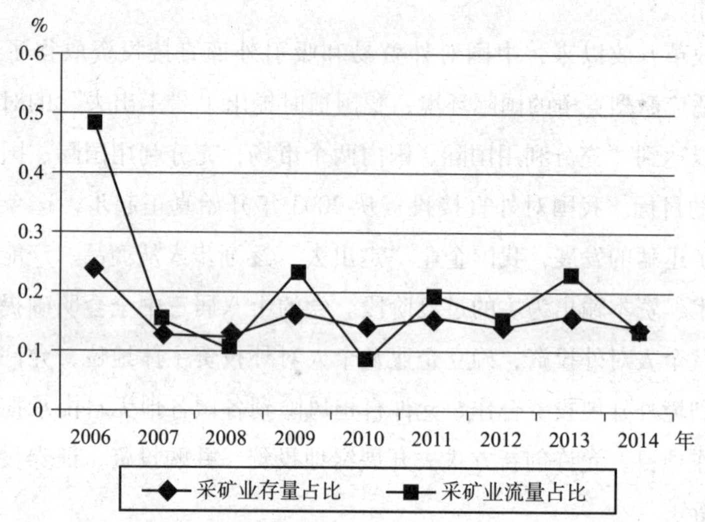

图 4.1 采矿业存量和流量占比

然而，如此大规模的资源类海外投资，过程却并非一帆风顺。截至目前，可以说中国资源企业从海外投资中吸取的“教训”远远大于“经验”：

2009 年 6 月，本可能成为中国海外最大并购案的中铝集团与力拓的收

① 根据《中国对外直接投资统计公报》，采矿业主要包括石油天然气开采、有色金属开采、煤炭开采以及黑色金属采选。

购交易终止。中铝集团拟向力拓注资195亿美元以增持其19%股份。然而，计划几经周折，但最终由于力拓毁约而宣告失败；2010年6月，紫金矿业终止了对澳大利亚 Indophil Resources NL 的股权收购。公司公告称，终止原因在于“若干项收购先决条件难以达成”；2011年4月，五矿资源有限公司拟收购的澳洲铜矿商 Equinox Minerals 被全球最大的金矿商巴里克夺走，巴里克与 Equinox Minerals 最终达成73亿加元（合76亿美元）的收购协议；2012年9月，由于难以获得蒙古国相关监管方的批准，中国铝业股份有限公司彻底终止了对南戈壁资源有限公司的要约收购，约为9.2亿美元的交易最终告吹。

以上企业海外投资“沉沙折戟”的案例并不少见。对于资源类企业来说，相对于并购项目的失败，投资运营期间遭遇阻碍致使投资项目无法继续导致的损失将更加严重。

国际评级机构或EIU等风险咨询机构目前多将一国的投资风险放在国家风险的分析框架内，通常认为海外投资会面临的国家风险主要包括：政治风险、法律风险、经济风险、社会文化风险等。

目前，对政治风险尚未有一个公认的定义，但一般是指东道国的政府机构的行为和其他政治因素对跨国公司的经济环境、利润和其他目标发生剧烈的影响。政治风险的发生不局限于经济不发达国家曾经实行的国有化、征收和征用，它也广泛发生在经济发达的国家和地区。例如，1980年加拿大实行了新的能源政策，把外国投资者在全国能源工业方面的参与率从75%降到50%，这可以看作是对本国能源工业的保护和外国投资者的抵制。

支配政府机构决策的力量不仅是政治原因，也可能是纯粹的经济原因，因此，政治风险也包括货币不可兑换和汇兑限制风险。战争、暴动、社会动乱、罢工、恐怖主义行为、政府否认合同有效、不公正的监管环境等也属于政治风险，其产生的原因涉及政治、经济、法律、宗教、种族等方面，它不仅影响跨国公司的经营，而且影响本国企业的正常经营。

可以看到，在影响海外投资风险的诸多因素中，政治因素是一个得到广泛认可的重要影响因素。对于海外投资项目的经济和法律风险而言，企业尚能够通过金融、法律等手段进行一定程度上的规避，如通过专业金融咨询顾问、国际投行、律师事务所、会计事务所等外聘第三方机构进行风险对冲并采取适当措施，以降低商业风险产生的损失。但对于政治风险而言，由于政治性损失事件发生概率是相对随机的，其导致的企业损失也是不可控的。因此，仅仅通过外聘商业机构并不能保证海外项目开发和运营的安全。

第二节　政治风险和可保政治风险

考虑政治风险在本书的研究中发挥着承上启下的重要作用：一方面，对于政治风险的界定直接影响着海外投资保险发挥作用的程度，即政治风险决定了海外投资保险可保政治风险的范围；另一方面，政治风险作为海外投资的一个重要风险影响因素，在能源、资源类海外投资中，政治风险又是如何成为能源资源类投资的掣肘因素仍需给予重视，这影响着海外投资保险对于对外直接投资的横向和纵深作用机制。因此，在以下部分，我们首先对政治风险及相关文献进行梳理。

一、政治风险

尽管关于政治风险已有大量的研究文献，但是目前尚不存在唯一的定义。本部分从起因、影响因素和表现形式三方面对政治风险进行分解。

1. 政治风险起因

关于政治风险的起因，大致存在以下观点：

（1）政治原因（Bremmer，2005）；

（2）政府原因（Tomz，Wright，2007）；

（3）政治性事件（Clark，1997；Feils，Sabac，2000）；

（4）政治性运动（Jensen，2008；Baas，2010）。

大部分作者认为政府（包括国家、省级和地方级层面）是政治风险的主要推动者（Goriaeva，Sonin，2015；Busse，2007；Tomz，Wright，2010）。一个典型的例子是 Truitt（1970），其认为，政府具有广泛的对经济和政治上的干预能力，并以此来限制投资者的活动。尽管如此，当我们考虑在许多情况下是政治风险由立法变动以及社会风险相关的非政府行为引发的，这一观点就不那么明显了。因此，随着政治风险的表现具体化，政治风险的来源也逐渐多样化。至于政治性事件或运动，在许多情况下，事件在相当长的时间内只是一种实现的过程，可能是一个单独的风险事件［在征收案例中，最为普遍的是哥伦比亚的齐昆塔石油公司（La Rotta,2011）］，或是不断演进的政治过程（如玻利维亚和委内瑞拉的国有化浪潮）。

作为影响国际贸易和投资的一种隐性交易成本，政治风险是由国家行为导致的企业价值和资本的降低（Siniša Ostojic，2011）。一些学者进一步将政治风险定义为关于国内和国外企业差别待遇的政治活动，以及可能对来自国外的资本流入减少产生威胁的国家机构的行为。与以上思路类似，Wagner（2000）进一步认为关于政治风险的定义需要区分两方面内容：一方面，企业必须区分针对特定企业的政治风险和针对特定国家的政治风险；另一方面，以上两种风险又分别包括政府风险和不稳定风险。

尽管如此，为了避免定义过于宽泛，结合 Wagner（2000）和 Moser，Nestmann 和 Wedow（2006）的研究成果，我们可以将政治风险划分为宏观和微观水平的研究维度，即针对特定国家的政治风险和针对特定企业的政治风险。对于某一市场上的所有参与者，宏观层面的政治风险对其具有相同的影响，而微观影响仅对特定的企业或工业部门产生影响。具体而言，从事件起源的角度来看，特定国家风险的政府风险包括大规模征收、监管变化以及货币不可兑换，特定国家风险的不稳定风险包括大规模工人罢工、示威游行以及国内战争。企业特定风险中的政府风险包括歧视性规定、资产的征收以及合同违约，不稳定风险包括蓄意破坏、劳工绑架以及联合抵制的企业团体（见表 4.1）。

表 4.1 政治风险来源——国家和企业层面

	政府风险	不稳定风险
特定国家的政治风险	大规模征收； 监管变化； 货币不可兑换	大规模工人罢工； 示威游行； 国内战争
特定企业的政治风险	歧视性规定； 资产的征收； 合同违约	蓄意破坏； 劳工绑架； 联合抵制的企业团体

资料来源：Wagner（2000）。

2. 政治风险影响因素

与政治风险相关的以下政治和经济环境，我们可以从现存的文献中发现以下两个特征：首先，政治风险和非民主化的政治体制之间存在联系，通常在非民主化政治体制下，政治风险被认为更高，但是关于这一结论并非存在普遍性共识。在某些情况下，政治领导者的动机是关键。当存在领导者政治动机时，在就私人投资者合同履行和财产权的履行方面，集权制可能比民主制的风险更低（Clague，Keefer，Knack 和 Olson，1996；Gehlbach，Keefer，2011）。此时，集权制国家甚至能够提供更加安全和支持性的基础设施（Olson，1993）；其次，大量证据集中认为发展中国家的政治风险更高。尽管这一观点确实在许多发展中国家得到了证明，但是发生在澳大利亚和加拿大等发达国家的征收也证明了发达国家的政治风险也是完全存在的（Duncan，2005）。在发达国家具有更强谈判能力前提下，McMillan,Waxman（2007）证明发达国家政府能够获得更多的政府利益。Simon（1984）将经济发展水平与政治风险的关系总结为：政治风险并非不存在于发达国家，而两者的差别在于政治风险在不同经济发展水平国家所表现的集中度的不同。当对比发达国家和发展中国家的社会不满的表现时，罢工和暴乱风险等都是可能存在的，但是发展中国家的影响范围和程度会更大。

3. 政治风险表现形式

为了使不同类型的政治风险表现形式具有可操作性，我们将其分类。

此处，我们采取 Root（1972）的分类体系：征收风险、运营风险和转移风险。除此之外，我们采用 Jensen（2005）和 Baas（2010）的方法，将暴乱风险纳入分类体系中。

（1）征收风险

依据 Truitt（1970），征收（expropriation）被定义如下：由主权政府攫取的外国企业的有形资产，为了公共利益连续性地对其资产进行征收。这一定义规定了征收的几个特征（Kobrin，1980）：①被征收的资产位于东道国，并且其原始拥有人居住地为东道国境外；②征收并不是一种暂时性的行为；③征收必须包括政府的补偿行为，否则，此种行为将被归类为没收（confiscation）；④随机的干预模式。

政府征收主要有以下几种动机构成：即税收获得方面、经济方面、政治方面或以上因素的综合考虑。在政治因素推动的征收方面，由于政治意识形态的变化导致损害投资的浪潮，这种情况被认为是大规模征收（mass expropriation）（Truitt，1970；Kobrin，1980）。其他类型的征收，与特定部门或企业相关，被称为选择性征收（selective expropriation），可以被认为是东道国政府防止外国企业占据统治地位的主要应对措施（Kobrin，1980；Kennedy，1993）。

根据其征收本质，经济因素推动的征收会表现出选择性。这一征收形式可能的来源是政府为了在某一项目中获得高水平税收的机会，或是在经济下行期间采取的故意阻碍措施。与之相关的第一个例子是机会性征收（opportunistic expropriation）（Cole，English，1991），这一征收动机经常与自然资源生产有关（Duncan，2005；Engel，Fischer，2007；Guriev，Kolotilin 和 Sonin，2009；Hajzler，2010；Stroebel，van Benthem，2010）。此时，政府力求获得商业租金和征收引发的名誉成本之间的差额，这一净收益对于那些自然资源丰富且对国外 FDI 流入依赖度不强的国家尤为明显（Jensen，Johnston，2011）。第二种经济因素导致的征收动机被称为蓄意征收（desperate expropriation）（Cole 和 English，1991）。也就是说，在经济萧条期间，征收导致的净收益由于名誉成本的大幅下降而尤为明显，此时政府更加注重国内居民的福利状态（Jensen，2005；Jensen，2008；Tomz，

Wright，2010），征收的可能性因此而增大。

（2）运营性的政治风险

根据 Root（1972）的定义，运营性的政治风险主要与政治不确定性或政策变化相关，经常直接影响企业的经营行为。尽管这一定义内容较为宽泛，在结果实现上，经营性风险通常会影响国外投资的管理规定与政府程序，但是经营性风险不包括财产所有权的剥夺或资产的损失。东道国政府立法或税收的变化通常对企业的利润产生影响。在某些情况下，经营性风险和征收存在重叠的表现形式。例如，渐进征收作为征收的一种表现形式，反映了政府试图通过税收获得租金的目的（Bohn，Deacon，2000；Duncan，2005）。尽管如此，将税收的增加与征收风险联系起来并非易事，因为针对某一部门或行业的税收增加通常是广义的财政政策收缩的一部分，更进一步，税收征收的是利润部分而不是生产性资产。因此，在这一意义上，税收的增加不符合前文考虑的征收风险的定义。

（3）转移风险

转移风险与资本、收入、技术和劳动力流动的不确定性相关（Root，1972）。更加确切的是，Baas（2010）定义转移风险为国外企业无法通过合法方式返回投资资本、贷款本金、分红或利息。一般而言，存在两种转移风险的表现形式：第一种，也是最为常见的主权违约，指政府宣布拒绝偿付全部或部分债务；第二种为资本控制，包括了一系列的广义活动，其中对于资本流动的限制和货币贬值计划是这类风险的常见形式。

不同类型的转移风险对于运营中的商业企业影响是不同的。主权违约可能通过经济状况的恶化间接影响商业环境。Arellano（2008）认为主权违约经常伴随着较深的经济衰退；Tomz，Wright（2010）认为这一风险导致的结果是国际市场将会惩罚违约经济体。与主权违约不同，资本控制对于商业环境尤其是跨国公司具有直接的影响（Clague，Philip Keefer，Knack 和 Olson，1996；Feng，2001）：这可能会影响投资者向国外转移资金的能力以及在货币贬值计划货币不可兑换中公司利润流的流出（Clague 等，1996；Jensen，2003）。资本控制的另一种表现形式与特殊税收有关，如进出口关税和对于母公司支付的限制（Feils，Sabac，2000；Brealey，

Myers 和 Allen，2010）。

（4）政治暴力风险

政治暴力风险指政治性的暴力行为导致项目经营资产的破坏或是使项目在长时间内变得无法经营（Baas，2010）。这类风险的主要表现形式有战争、暴乱、暴动、恐怖主义和蓄意破坏。政治暴力风险在过去二十年间尤为明显，如美国“9·11”事件、2005 年 7 月伦敦袭击，以及最近频繁发生于欧洲的 IS-IS 恐怖袭击事件，显然全球的不安定因素仍然显著存在。在一些案例中，对于企业或某一部门而言，政治暴力风险表现为蓄意破坏或恐怖主义。在大多数案例中，政治暴力风险来自更广泛的冲突导致的非预期性结果。政治暴力风险的直接影响是对企业资产的破坏——既包括固定资产又包括人力资本，而对运营企业价值的产生间接影响可能是更加普遍的，如战争或暴乱时期的经济萧条。在某些情况下，投资企业运营成本可能会明显增加，如企业为了保护其免遭冲突损失而导致额外开销（保险费用、监测措施）的增加。

二、可保政治风险

作为规避海外投资政治风险的工具之一，英国、美国、日本、德国、法国先后建立了其国内海外投资保险制度，随后世界各国相继效仿。海外投资保险发展到今天，业务规模逐渐扩大，产品逐步细化，为全球的海外投资发展做出了重要贡献。2014 年 8 月，国务院发布的保险业“国十条”中，明确提出要“加大保险业支持企业走出去的力度，加快发展境外投资保险，以能源矿产、基础设施、高新技术和详尽制造业、农业、林业等为重点支持领域，创新保险品种，扩大承保范围”。在国内，主要由中国出口信用保险公司经营海外投资保险的承保。中国出口信用保险公司成立于 2001 年，是国内唯一的政策性保险机构。

在现实的保险业务操作实践中，由于对政治风险定义及其表现出的多元化和复杂性，在可操作性方面通常很难将所有政治风险列为可保风险。在以上政治风险研究的基础上，国际 ECA 机构在实践中多数将可保政治风险种类分为：战争及政治风险、征收和国有化风险、货币转移及兑换风险、其他风险。以下部分我们将就常见的可保风险进行逐一介绍。

1. 战争及暴乱风险

总结国际主要 ECA 机构对于战争及政治风险的定义范畴，战争及政治风险多指政治动机的暴力行动，具体包括以下几类：恐怖主义、战争、暴动以及与这类事件相关的武装冲突，这类活动都会损毁或破坏国外资产，甚至迫使企业在未来一段时间内结束生产经营活动。此外，瑞典 EKN 除了定义了对以上战争风险的承保之外，也规定了自然灾害也在承保范围之内。尽管如此，EKN 同时也规定，如果在一定程度上投保人能够获得通过商业保险或类似方式获得补偿，那么由以上损失事件引发的损失将无法获得赔付。

对于战争及政治风险的认定，一般需具备以下几个前提条件：发生了东道国项目企业有形资产的破坏、消失或物理损失（不包括贵金属、宝石、艺术品、货币或文件），并且这些资产需要主要被用来进行项目企业的生产经营活动；风险的发生影响投保人对投资贷款或收益回收的障碍或阻碍；只有当战争及政治风险导致的投资价值在至少特定期限内（瑞典 EKN 规定为六个月，芬兰 Finneva 规定为 365 日）连续下降，才被认定为损失；此外，已保损失发生需要损失必须是战争（无论是已宣战或是未宣战的）、暴动、革命、国内战争、恐怖主义或蓄意破坏的直接结果；以上行动的主要目的是实现政治目标。

2. 征收和国有化风险

征收和国有化风险一般指国外政府以不明显或非合理理由获取、征收企业的投资，以及采取具有等同征收效应的一系列措施。无论在任一情况下，都会导致国外投资的损失。加拿大 EDC 将征收行为划分为直接征收和渐进征收。

通常征收和国有化风险的认定需要满足以下条件：

（1）东道国公共机构针对投资采取的措施，如国有化或征收，使如下损失已经发生：

（a）剥夺了投保人对于已保投资的权利；

（b）剥夺了投保人对于已保收益的权利；

（c）剥夺了投保人已保投资或处置账户关于资金或其他资产作为收益的权利；

（d）剥夺项目企业对有形资产的所有权，或是阻止项目企业对其有形资产的自由处置权；

（e）阻止投保人自由处置已保投资；

（f）阻止项目企业按照保险协议实施整个投资项目或部分项目；

（g）对项目企业施加财政或金融责任，以至于项目企业有望实现的业务无法继续推进；

（h）影响投保人对投资贷款或收益回收的障碍或阻碍。

（2）类似于（a）—（h）的剥夺、阻止或其他前述行为持续发生的时期至少为一定时期（芬兰 Finneva 规定为 365 日）。

（3）以上措施不包括东道国政府采取的无歧视性（包括对个人、所有制等方面的歧视等）合理性的一般规定或财政措施，如有利于公共秩序和公共健康安全的行为。

3. 货币转移及兑换风险（汇兑风险）

汇兑风险指对于货币（包括资本、利息、本金、利润、版税和其他汇款）汇出东道国或兑换成外币的限制风险，如国外政府或中央银行阻止硬通货离开本国或对本币和硬通货的转换进行限制。OPIC 的汇兑保险能够覆盖收益、资本回报、本金和利息、技术支持费用和汇回款的兑换和转移限制风险。

在限制货币兑换或转移的过程中，东道国政府可能采取以下措施：

（1）具有更加限制性的外汇管制；

（2）外汇管制机构的控制或行为使对于硬通货的兑换申请无法实现；

（3）东道国政府对于返还资金汇回的不合法限制；

（4）东道国政府的歧视性行为导致当地收益的汇兑无法实现；

（5）尽管如此，OPIC 和 MIGA 都规定东道国货币的贬值不包含在这一承保范围内。

一般而言，国际ECA关于汇兑风险认定的前提条件是：

(1) 东道国的投保人或项目企业能够自由处置当地货币或持有保险协议规定的币种；

(2) 与东道国的法律、法规相一致，投保人或项目企业已经申请货币兑换/转移至少120日，但是没有产生任何结果。损失事件发生日期应该为项目企业首次试图进行转移或汇兑的日期。

4. 其他风险

在国际ECA的承保范围内，除了承保以上三种较普遍的政治风险外，各国ECA机构也承保以政治风险为主的其他风险：

(1) AIG除了承保以上三种风险外，还承保出口或经营许可证取消风险和经营中断风险。前者通常指东道国政府对于有效出口或经营许可证的取消；后者指征用或政治暴力导致的净利润的损失。

(2) 合同违约风险。如果国外政府或政府控制企业没有完全履行其合同或是完全拒绝执行对投资企业的仲裁决议，这时投资者就面临合同违约风险。违约风险是一种政府或其他由政府直接或间接控制的实体企业对于合理有约束力的合同责任的违约。其重要的构成要件是违约主体为政府或政府控制的公共机构。

西班牙CESCE、加拿大EDC、德国EH、瑞典EKN以及MIGA都承保合同违约风险。此外，MIGA还约定，在已声明的合同违约或合同拒绝履行情况下，投资者应该提起在合同中优先选择的争端解决机制（如仲裁）。如果在规定的时期之内，投资者由于政府的无作为无法获得裁定，或是已经获得裁定，但是投资者在裁定下没有获得支付或赔偿，那么MIGA将给予补偿。如果某一种条件被满足，MIGA可以自行决定未决的争端结果的支付。如果投资者对于争端解决没有追索权或是存在政府对于投资者合理法律权力的不合理干预，MIGA也可以选择在没有裁决书的情况下支付赔付。

(3) 恢复经营风险。加拿大EDC规定，如果国外政府阻止企业恢复生产或对于实物资产（如机器、设备、运输工具、飞机等）的再出口，那么企业就面临着恢复经营风险。

（4）延期偿付风险。主要是指东道国政府的支付禁令或延期偿付的决策。

（5）公共机构失效风险。瑞典 EKN 承保公共机构功能的不稳定或失效风险，具体指社会或公共机构功能的不稳定或失效引发了投资条件的恶化，以至于投资损失了全部或部分价值，或构成了投保人对投资贷款或收益回收的障碍或阻碍。

（6）监管风险。OPIC 对于监管风险的承保主要是抵御那些对于可再生资源项目监管措施的特定风险，如：

（a）对于原材料收购价格的变化；

（b）影响项目运营能力的关键性税收变化或其他监管措施；

（c）对于项目的运营所必需的许可证的更新；

（d）对于碳排放份额产生或销售的不当干预［受到联合国清洁发展机制（CDM）标准的约束］；

（e）对于国外政府特许权、技术支持或林业协议的否认。

第三节　政治风险的界定标准——保险机构承保角度

一、国际 ECA 关于政治风险的界定及其不足

无论作为理论专业术语或是商业名词，政治风险作为一个常用的风险范畴，到目前为止，几乎不存在共识度较高的定义或内涵。

在现实的保险业务操作实践中，如前所述，关于政治风险大部分国际 ECA 机构并未给出明确的判定标准，而是将可保政治风险种类划分为：战争及政治风险、征收和国有化风险、货币转移及兑换风险、其他风险，也即采取了分类列举法的定义方式，但是以上利用分类法去定义政治风险，

从严格意义上来说，却混淆了政治风险和政治事件之间的关系，并造成了以下“两难局面”的产生：对于已列明的政治风险类型，无法避免不同类别之间的交集以及互相重叠；对于未列明的政治风险类型，穷尽所有类型的可能性极低，最终会导致一系列烦冗的政治事件的列表。

二、政治风险判定标准的提出

MIGA 作为世界银行集团的成员之一，成立于 1988 年，目前 MIGA 已经为政治风险的判定标准做出了较有借鉴意义的铺垫。

MIGA 关于政治风险的定义为：

“由于政治势力和政治事件的作用导致的企业运营受到损害，而这种政治势力和政治事件既可能来源东道国内部也可能来源国际组织或国际环境的变化”，这一定义可以按要素分解为关于政治风险判定标准的以下四个方面：

1. 政治事件行为责任人：政府（机构）或非政府（机构）

政府（机构）主要包括东道国政府、国际多边组织、母国政府；非政府（机构）主要包括恐怖分子、东道国当地少数群体、国有（控股）企业、非法武装等。

无论是政府（机构）还是非政府（机构），每一方政治事件行为责任人都能够通过它的特定行为造成政治风险的负面影响。例如，常见地，东道国政府通过特定项目的国有化，会引发对于项目发起人/投资者的财产损失；恐怖分子，可能通过对项目周边环境、设备的破坏引起资产损失；投资所在地居民，可能会通过对于某一项目开发活动的破坏引起投资者的收入损失。

对于政府（机构）行为，需要说明的是：对于政治事件造成的政治风险，政府（机构）并不是唯一责任人；政府的本质包括了任何形式或制度的政府，如民主制、共和制、议会制、总统制等；政府（机构）行为中应该包括不作为行为，并且这类行为或不作为行为应该是非预期或无法被预见的，这类行为产生的原因对于这一国家可能是外生的（包括恐怖主义的国际政治忧患）或是内生的（国内政治因素，如政治派系的变化、制度的变化等）或是以上两种原因的交织。

对于非政府（机构）行为，其引发的政治事件的内涵相当广泛，政治反对派、非官方组织、贸易联合体或其他游说集团、少数群体、独立运动或社会运动方面形成的政治压力都会造成政治环境的恶化，进而引发政治事件。

2. 政治风险的直接影响因素：政治事件

政治事件作为导致政治风险的直接因素，也即政治风险保险中的损因认定。从影响范围广度来看，宏观政治事件影响东道国的所有投资和商业经营活动，无关乎产业（表现为征收、货币和贸易限制、税和劳工法的变化、监管限制等）；与之相应，微观政治事件只是对某一经济体、某一部门或某一项目企业产生特定影响。

与上述政治事件行为责任人的因素结合分析，一般情况下，政治事件的认定需要至少满足以下两个条件之一：事件目的为政治性；事件行为责任人为政府（机构）。

进一步明确政治性，从国家关系的角度，政治性通常涉及国家间利益、国际外交关系；从国内政局稳定的角度，政治性通常涉及不同种族、民族、宗教派系、党派斗争之间的关系。

也就是说，判定一类风险事件是否为政治风险，当政治事件行为责任人为政府（机构）时，要点 1 和要点 2 自动满足；当政治事件的行为责任人为非政府（机构）时，事件目的必须为政治性，才能达到要点 1 和要点 2 的判定要求。

3. 政治风险的最终后果：企业运营受到损害，并未获得有效赔偿，但由一国政府合理经济调控手段导致的损失除外

政治风险导致的最终结果可以从两个方面来理解：一是造成某些权益的无法实现，表现为对资产或权益的要求权、所有权、使用权、转让权、出售权、清偿权等；二是对于投资资产的直接破坏，造成财产损失或预期利润受到破坏。

4. 政治风险后果的承担人：投资者/所有者

相对于其他因素，政治风险后果的承担人相对容易界定。但是，值得注意的是，尽管关于政治风险的现存文献主要以国外投资为前提，MIGA的定义并没有在投资者/所有者前面使用“国外”这一定语，也就是说，研究政治风险应该假设在投资项目中，国外投资与国内投资具有相同的重要性，国内投资者并非会免于所有政治风险的影响。

通常情况下，在同时满足以上四个要素的前提下，一项投资风险才可被称为政治风险。对于常见的政治风险类型，认定和判定难度一般较低。但对于某些不易判定的风险事件是否属于政治风险，则可以参照以上判定标准。

三、政治风险判定标准的检验

1. 越南“反华”事件

2014 年 5 月，随着中越南海矛盾激化，越南民众在首都河内的中国大使馆前举行大规模示威，并前往各大外资厂商投资的工业区抗议，抗议对象主要是大陆投资厂商和大陆管理人员，纵火和抢劫事件波及大批国内投资者。判定情况见表 4.2。

表 4.2 越南“反华”事件政治风险判定

判定标准	事件情况
事件行为责任人	非政府（机构）—东道国当地少数群体
政治事件	针对中国投资者，影响两国之间的外交关系，事件目的为政治性
事件最终后果	中国投资者资产、人身安全受到损害，并未获得有效赔偿
后果的承担人	国内投资者

2. 保加利亚光伏电站项目中的特殊入网费

2012 年，中国企业在保加利亚境内投资建设太阳能光伏电站项目。2013 年底，经保加利亚国家能源和水资源调节委员会提议，保加利亚国民议会通过法案，规定将对该国可再生能源行业收取20%收入税作为特殊入网费。判定情况见表4.3。

表4.3 保加利亚光伏电站项目政治风险判定

判定标准	事件情况
事件行为责任人	政府（机构）
政治事件	政府机构为事件行为人，自动认定为政治事件
事件最终后果	中国投资者预期投资利润受到损害，并未获得有效赔偿
后果的承担人	国内投资者

3. 阿根廷货币危机

2001年，阿根廷公共债务急剧攀升，经济连续三年衰退，公共债券价格暴跌，资金大量外流，国际储备和银行储蓄严重下降。在此情况下，政府开始采取限制取款和限制外汇出境的最严厉措施，即储蓄者每周只能从银行取出250比索，而美元存款将被冻结到2003年。判定情况见表4.4。

表4.4 阿根廷货币危机政治风险判定

判定标准	事件情况
事件行为责任人	政府（机构）
政治事件	政府机构为事件行为人，自动认定为政治事件
事件最终后果	中国投资者投资或收益合法返还的权利遭到限制
后果的承担人	国内投资者

利用以上判定标准去衡量以上三种风险事件，可以发现，本章中提出的关于政治风险的四个判定标准能够很好地解释和契合现实，从而达到划定政治风险边界的目的。

本章小结

本章通过对于政治风险的动因、影响因素和表现形式的文献梳理，并在此基础上就国际ECA可保政治风险类型进行概括总结，最后提出政治风险的判定标准。本章主要得出如下结论和启示：

1. 政治风险具有动态性特征。首先，在不同时期，政治风险的动因以及表现形式会随着国际政治、经济环境的变化发生变化。即使针对特定的某一类政治风险，其表现形式也不是完全固定的。如相对于政治暴乱和直接征收而言，政府机构运作的商业化特征越来越明显，作为商业主体参与项目投资的行为越来越普遍，相对地政府合同违约成为近年来政治风险的主要形式之一。此外，随着冷战的结束，大规模政治战争发生的可能性显著降低，而区域性的武装冲突、恐怖事件发生频率却大大提升，征收行为也越来越隐性化，这都为政治风险的动态化提供了有利的举证。

2. 与政治风险的动态性相一致，国际 ECA 的赔付事件发生频率也表现出随着时间变化而变化的特征。以征收风险为例。在 20 世纪 70 年代和 80 年代，征收是最常见的政治风险的表现形式（Minor，2003；Jarvis，Griffiths，2007）。到了 80 年代后期，尽管征收发生频率有所降低，但是 90 年代中期之后，征收发生频率又重新增加（Hajzler，2010）。在 2001 年，Aon 公司做了一项研究，调查了政治风险对于 100 家企业的影响，其中 86% 的企业认为政治风险对其具有较高威胁：1/3 的被访问企业收到了货币兑换限制，1/4 的企业由于禁运受到损失，只有 18% 的企业受到征收的影响（Aon Corporation，2001）。发展到今天，对于政治风险保险机构而言，尽管征收的索赔数量相对较低，但是就索赔额而言，征收在索赔金额方面仍旧占据较大比重（Jensen，2013）。

3. 综合政治风险有关研究成果以及国际 ECA 的政治风险保险实践，我们认为可保政治风险是以政治风险的界定为基础，政治风险的表现形式决定了可保政治风险的发展方向。但是从保险机构的角度出发，一般而言，政治风险着重于损失确定和赔付的可操作性。因此，在界定方面，多以具体投资项目作为利益出发点，与政治风险相比，在一定程度上需要缩小政治风险的范围，通常混杂一些微观和特定性的特征。

4. 政治风险不仅仅直接与政治相关，其越来越多地受到全球经济运行和国内经济目标的影响。因此，理解政治风险的重点不仅仅在于“政治”，从动因或结果来看，政治风险应该延伸到“国家”（包括国内和国外）甚至是“民族”或“种族”的行为方面。政治、经济、民族、宗教等诸多问题混杂在一起的现实，不仅亟须为政治风险研究领域“开疆辟土”，也为政治风险保险机构提出了严峻的考验。

5. 在海外投资保险承保业务操作中，考虑到简易性和条理性，列表式的政治风险定义具有一定优势。尽管如此，对于政治风险的认定和解释，从长期来看，从保险机构的角度，政治风险仍需要一种较为清晰的判定标准。

6. 政治风险的界定，在海外投资保险的框架内，需要与海外投资的长期发展趋势以及政治风险的特性结合分析，不断修正和丰富政治风险的内涵。

7. 本章在 MIGA 关于政治风险定义的基础上，尝试提出关于政治风险的四个判定标准。通过对风险事件的检验，本书提出的四个判定标准具备适用性和合理性，解决了现实中的部分疑惑。因此，中国海外投资保险制度的发展可以在四个判定标准的基础上，对政治风险的承保范围做出延伸和丰富，全面覆盖投资者面临的政治风险，进一步优化中国海外投资保险的产品设置结构，最大限度地满足保险市场需求。

附表　国际主要 ECA 机构

中文名称	英文简称
美国国际集团	AIG
西班牙出口信用机构	CESCE
葡萄牙出口信用机构	COSEC
新加坡出口信用机构	ECICS
加拿大出口发展机构	EDC
德国裕利安宜集团	EH
瑞典出口信用机构	EKN
芬兰出口信用机构	FINNVERA
多边投资担保机构	MIGA
美国私人海外投资公司	OPIC
中国出口信用保险公司	SINOSURE

第五章

国际投资体系规则和应用

第一节 国际投资体系发展趋势和特点

20世纪50年代以来，随着跨境直接投资的迅速增长，国际上关于跨国投资的各种制度安排不断涌现，形成了以双边投资协定（BITs）为主的国际投资规则体系，其主要涵盖了投资自由化、投资保护、投资争端解决等方面的内容。鉴于国际投资规则对我国企业及其海外直接投资的重要意义，本章对国际投资规则和体系进行梳理，并对国际投资规则适用性做出论述。

与发展相对成熟的国际贸易体系相比，国际投资体系目前仍缺乏一个基本的多边框架，而是一系列多边、区域和双边纪律以及单边规范的一个较混乱的组合。目前，国际投资体系主要呈现以下特点（崔凡、赵忠秀，2013）：

1. 投资保护谈判与投资自由化谈判互相融合，且后者的发展势头强劲

双边投资保护协定传统上是国际投资体制的主要形式。但是，目前国际上的双边投资协定有许多实际上也起到了投资自由化协定的作用，而非单纯的准入后投资保护协定。事实上，越来越多的国家在进行投资谈判时，投资自由化议题成了他们所期望的基本议题，这也是近年来中国不断面临外方提出“准入前国民待遇”谈判压力的原因之一。

2. 美国式高水平投资保护与开放标准被接受的范围正在扩大

在投资自由化方面，美国投资协定的一个重要特征是基于否定清单的准入前国民待遇条款，即原则上在所有领域的外资享有不低于东道国内资的投资自由，特殊领域可以明确列出做出例外。自进入21世纪以来，越来越多的国家开始认同这类条款，并大量使用到自己的对外投资协议中。

3.“卡尔沃主义”（Calvo Doctrine）有所回归但投资自由化进程仍在稳步发展

在国际投资法中，发展中国家特别是拉美发展中国家在很长时间内都倡导“卡尔沃主义”，主张国内法对外资排他的管辖权。但是，随着发展中国家在20世纪70年代后逐步自主开放投资市场并且争相吸引外资的形势发展，“卡尔沃主义”逐步退出政治舞台。根据“华盛顿公约”建立的国际投资争议解决中心（International Center for Settlement of Investment Disputes，ICSID）允许投资者私人主题就投资东道国的政策发起国际仲裁请求，这是国际法上的一个重大突破，也是对“卡尔沃主义”的背离。但是，从20世纪90年代起，一些发展中国家被大量的投资仲裁案所困扰，开始重新诉诸“卡尔沃主义”。

4. 各类投资协定并存交错，使多边协调的必要性上升

尽管世界上有1/3的外资存量不受任何投资协定的管辖，但有很多投资关系同时被不同的投资协定所覆盖。例如，中日韩三边投资协定于2012年达成以后，三方互相之间的双边投资协定仍然生效，同样的情况出现在中国与东盟签订的投资协定上。欧盟对外签订统一的投资协定后，其各成员对外签订的投资协定仍然在相当长一段时间内生效。这种投资协定重叠交错的现象必然隐含着大量的法律冲突，使各国政府需要考虑在投资领域多边协调的必然性。

第二节 跨境直接投资国际规则和惯例

一、跨境直接投资的国际法框架

根据联合国贸发会议最近对“投资争端解决统计系统”统计，2016

年，投资者依据国际投资协定起诉东道国的已知仲裁案件共计62件，累计已达到767件。2016年的案件数低于2015年的历史最高纪录（74件），但高于此前十年的平均值（49件）。这62起案件的被诉国多达41个，其中哥伦比亚、印度和西班牙被诉次数最多，分别涉及4起案件。发达国家的投资者提起了大部分案件。荷兰和美国投资者起诉的次数最多，各为10起案件，英国投资者紧随其后，起诉了7起案件。约2/3的案件依据双边投资协定（BITs）提起，但被援引最多的协定是拥有60个成员方的《能源宪章条约》,《北美自由贸易协定》次之。投资者依据俄罗斯—乌克兰BIT起诉俄罗斯的案件也较多。表5.1是2016年新提起的前5起案件的简要情况表，这5起案件分别涉及农业、采矿、飞机租赁、广播等行业，争议措施涉及国有化、撤销许可证、取消税收优惠、司法不公等，争议金额从2000万美元到1.5亿美元不等。

表5.1　2016年BITs案件情况

	案件	案情概要	行业	索赔金额
1	A. M. F. 飞机租赁公司诉捷克	投资：两家飞机的所有权及相关租赁活动。 争议：缘起于捷克的破产管理人和法院在捷克公司 Air Charter 的破产程序中，错误地将申请人所有的、Air Charter 承租的两家飞机纳入破产程序，并将这两家飞机作为破产企业财产卖掉。	租赁业	1.25亿美元
2	Agroinsumos 等诉委内瑞拉	投资：对 Agroisleña 等几家农业和食品公司享有的多数股权。 争议：缘起于委内瑞拉2010年的第7.700号政府令对 Agroisleña Group 的所有资产以及申请人拥有的相关农业和食品公司实施了国有化。委政府还采取了其他措施以取得对这些公司的控制权，包括占领公司的住所、撤换董事等。	农林牧业	暂无信息

续表

	案件	案情概要	行业	索赔金额
3	Al Jazeera 诉埃及	投资：多媒体广播业务。 争议：缘起于对申请人在埃及境内的广播业务的破坏，包括逮捕员工、攻击设施、干扰广播、关闭办公室、撤销广播拍照、强制清算当地分支机构。	广播业	1.5 亿美元
4	Albacora 诉厄瓜多尔	争议：缘起于厄瓜多尔拒绝给予申请人税收减免，申请人认为其作为厄境内某自由经济区内的企业，有权享受该减免。	食品 加工业	2000 万美元
5	Alhambra 诉哈萨克斯坦	投资：申请人当地子公司所享有的两张金矿采矿许可证，在当地的一家合资企业，以及与哈萨克斯坦政府签订的一份勘探开采合同。 争议：缘起于对申请人当地合资企业的非法的税收稽查，拒不给予必要的采矿和融资审批等，这些导致合资企业于 2015 年破产。	金属 采矿业	1 亿美元

从以上统计和公开资料来看，随着国际投资规模的迅速攀升，国际投资争端越来越普遍。对于投资企业来说，国际投资争端的解决已经是其开展对外投资的过程中不得不考虑的一个重要因素。投资企业需要在合同或协议的签订中，对于投资争端解决给予充分的重视。

目前，海外投资国际规则主要由以下三部分组成：（1）双边投资协定（BITs），又可分为友好通商航海条约、双边投资协定和投资保证协定等，其中以双边投资协定为主；（2）区域协定和多边公约，最主要的是《能源宪章条约》《关于解决国家和其他国家国民投资争端公约》（《华盛顿公约》）《承认及执行外国仲裁裁决公约 1958》（《纽约公约》）以及《多边投资担保机构公约（《汉城公约》）；（3）自由贸易协定（FTA）中的投资章节，如北美自由贸易协定、东盟自由贸易协定等都对国家间的投资做出了相关规定。

对于中国海外投资的保护而言，最重要的是中国与其他国家签订的双边投资协定。中国拥有世界上仅次于德国的第二大 BITs 网络，现行有效的 BITs 为 120 个左右。大部分 BITs 规定，缔约一方应向另一方投资者的投资提供充分的保护和保障。有的投资保护协定进一步明确，该条款旨在要求东道国采取合理和必要的治安措施保护投资。由于不同 BITs 对于以上条款的具体规定存在很大差异，导致各自的保护水平会呈现明显不同。

《能源宪章条约》（ECT）是关于能源领域（石油、天然气、煤、风电、太阳能等）投资保护的重要国际协定，目前共有近 60 个成员方，主要是欧洲国家、中亚国家以及蒙古、日本和澳大利亚。投资者依据 ECT 起诉东道国的仲裁案件多达 40 余起，从某种程度上体现出 ECT 的保护水平较高。中国目前是 ECT 的观察员，因此中国投资者尚不能直接获得 ECT 的保护。

《华盛顿公约》是关于解决投资者与东道国投资争议的程序性规则。该公约规定了投资争议的仲裁程序和调解程序，并设立了国际投资争端解决中心（ICSID）。ICSID 是最重要的国际投资仲裁机构，迄今全球 700 余起投资仲裁案件中超过 60% 都是由 ICSID 设立仲裁庭审理。ICSID 仲裁庭的裁决是终局的，当事人不能上诉，也不能申请国内法院撤销裁决；而且裁决在全球 150 多个成员国都具有执行力，胜诉的投资者可以选择在任何一个成员国申请强制执行败诉国的财产。

在《汉城公约》中，世界各国约定设立了多边投资担保机构（MIGA）。MIGA 针对投向 156 个发展中国家的投资项目，承保征收险、政府违约险、货币汇兑及转移险、战争和内乱险等政治风险。本书第三章中已就 MIGA 承保风险等一般规则做出阐释，此处不做赘述。

二、国际法关于跨境投资的核心规则

在国际法层面，投资保护、自由化和争端解决的核心规则可分为以下三部分：

1. 投资和投资者的定义

投资和投资者的定义决定了投资协定的适用范围。只有符合投资定义的项目和符合投资者定义的自然人或企业才受到特定投资协定的保护。

近年来缔结的中外 BITs 都采取了比较宽泛的投资定义。例如，2013 年生效的中国—坦桑尼亚 BIT 规定，具有投资特征的各种财产均属于投资，包括但不限于：动产、不动产等物权，对公司的股权、股票，金钱请求权，知识产权，特许权（勘探开发自然资源等），与投资有关的债券，合同权利（交钥匙工程合同、建设合同等）。但值得注意的是，一些 BITs 对投资提出了合法性要求，“非法投资”不受保护。例如，在 Metal-Tech 诉乌兹别克斯坦案中，仲裁庭认为，以色列投资者向乌兹别克斯坦官员行贿，违反乌国反腐败法，因此，其投资不受以乌 BIT 的保护。

就投资者定义而言，自然人投资者的认定标准比较简单，如具有中国国籍即构成中国投资者。对于法人投资者，不同的 BITs 常采取不同的认定标准。例如，中国—也门 BIT（1998）采取“准据法 + 住所地”的标准，即依据中国法律设立且住所在中国境内的法人属于中国投资者；中国—韩国 BIT（2007）只规定准据法一个标准；而中国—乌兹别克斯坦 BIT（2011）在准据法和住所地之外，还规定了“实际经营”标准，即只有在中国境内有实际经营活动的投资者才构成中国投资者。

2. 投资保护的实体条款

对于投资保护而言，最重要的实体条款包括：公平和公正待遇条款（F/ET）、征收条款、“保护伞条款”、治安保护条款和战乱损失条款。

公平和公正待遇条款是投资者援引最多的实体条款。仲裁实践中认定违反该待遇的常见情形包括：违反投资者的合理期待、明显的武断或歧视、拒绝司法、违反正当程序、威胁或虐待投资者及其高管等。在 Micula 诉罗马尼亚案中，罗马尼亚政府取消了针对欠发达地区的投资鼓励政策，仲裁庭认为违反了投资者的合理期待。在 Occidental 诉厄瓜多尔案中，厄瓜多尔政府以 Occidental 公司未经批准擅自向第三人转让特许协议部分权益为由终止特许协议，仲裁庭认为惩罚措施与投资者的过错不成比例。在 Middle East 诉埃及案中，仲裁庭认为，埃及政府在扣押并拍卖申请人的船舶之前并未以适当方式通知申请人，违反正当程序。

征收条款也是投资者经常援引的条款。多数 BIT 条款规定，东道国对外国投资的征收须同时符合四个条件：目的是公共利益、依照正当程序、非歧视、并给予恰当的补偿。征收分为直接征收和间接征收。2012 年阿根廷强行收购西班牙 Repsol 公司持有的 YPF 石油公司股份就构成直接征收。间接征收是指干预外国投资者行使财产权达到一定程度以至于在效果上等同于直接征收，包括：大幅提高税率（如厄瓜多尔征收于 2007 年开征 99% 的石油“暴利税”）、禁止向股东分配利润、价格管制、进出口限制（如印度尼西亚实行矿石出口禁令）、撤销特许权或投资许可等。在 Occidental 诉厄瓜多尔案中，仲裁庭认为厄政府终止石油开采特许协议的行为等同于征收。在 Tza Yap Shum 诉秘鲁案中，仲裁庭认为秘鲁税收机关冻结企业银行账户的行为构成间接征收。在赔偿额高达 500 亿美元的尤科斯诉俄罗斯案中，仲裁庭认为，俄罗斯当局对尤科斯公司的高额罚款、低价拍卖核心资产以及迫使破产的行为在效果上“等同于国有化或征收”。

“保护伞条款”指的是将东道国对投资者的承诺置于投资条约保护之下的条款。传统意义上的国家责任并不会单纯因东道国违反投资合同而产生，但 BITs 中的“保护伞条款”却具有此种功能。这类投资条款往往规定，要求缔约国遵守它对投资者做出的任何承担法律义务的承诺，即缔约国在投资条约中承诺它将承担或者履行向投资者做出的任何的承诺或者是义务。例如，中国—伊朗 BIT（2000）第 10 条规定：“缔约任何一方应保证遵守其就缔约另一方的投资者的投资所做的承诺。”而中国—乌兹别克斯坦 BIT（2011）第 13 条则对承诺的范围做出限定：首先，东道国所应遵守的是以协议、合约或合同形式做出的书面承诺；其次，东道国对商事合同项下义务的违反不构成对 BIT 的违反。投资条约中的该类承诺即被称为“保护伞条款”，其功能在于把东道国的投资者通过国内法的形式或者投资协议的形式做出的承诺上升到条约层面，以提供给外国投资及外国投资者以全面的保护。

例如，一项典型的 BOT 式的特许协议，政府通过 BOT 对外国投资者做出承诺，这个承诺严格来说属于国内法体系下在协议中表达的承诺，原则上并不上升到条约层面；但如果条约中一旦存在“保护伞条款”，那么违反了投资协议上的或国内法项下的承诺，就自动上升到了条约的违反，以至于把国内法的承诺，或者国内协议上的承诺与条约的义务捆绑起来，进而将私法争议与公法争端之间的界限模糊化。

但实践中对该类条款的解释趋向却颇具争议：一种意见主张，应采取限缩性解释，部分仲裁庭即指出，即使 BIT 中存在“保护伞条款”，违反国内的合同或者协议也并不等于违反条约，以避免将所有合同争议提交国际仲裁庭；另一种意见则主张，应采用从宽解释、扩张性解释，认为违反国内合同的同时已违反了条约，可以提交国际仲裁进行管辖（张建，2016）。

3. 投资争议解决的程序条款

首先，可仲裁事项的范围问题。中国早期缔结的 BITs 只允许投资者将“与征收补偿额有关的争议”提交国际仲裁。换言之，有关征收行为本身的争议或者与公平公正待遇等其他条款有关的争议，均不能提交国际仲裁，或者须经东道国另行同意。在 2000 年之后，中国与其他国家签署的 BITs 开始允许投资者将“因投资产生的任何争议”提交国际仲裁。可仲裁的范围为仲裁结果将产生显著影响。根据公开媒体信息，平安公司之所以在其与比利时政府的仲裁程序中败诉，正是因为 1984 年中国—比利时 BIT 只允许将“与征收补偿额有关的争议”提交仲裁，而 2009 年生效的中国—比利时 2005 年 BIT 又不适用于平安公司在 2009 年之前对富通集团的投资。

其次，仲裁机构问题。早期的中国与其他国家签署的 BITs 多允许投资者将争议提交临时仲裁庭；而中国于 1993 年加入《华盛顿公约》后，中国与其他国家签署的 BITs 大多约定投资者可以提交 ICSID 仲裁庭。

再次，仲裁前置义务要求。BITs 大多规定了磋商条款和“冷静期”条款，即投资者在提出仲裁申请之前应当将拟提起仲裁的意向告知东道国政府，并寻求通过磋商解决争议，经过特定期限（如 6 个月）之后才能提出仲裁申请。有的 BIT 还要求投资者必须穷尽当地救济程序之后才能提起国际仲裁。与之相反，一些 BIT 规定了“岔路口”条款，如果投资者已经将争议起诉到东道国法院，则不能再提交国际仲裁。因此，投资者在决定是否诉诸东道国司法程序时应进行审慎评估，避免丧失国际仲裁的机会。

最后，时效要求。例如，中国—韩国 BIT 规定，如果从投资者首次得知或者应该得知其受到损失或损害之日起已经超过三年，则投资者不能将争议提交国际仲裁。

三、国际投资争端解决案例

1. “西方石油公司诉厄瓜多尔政府案”

1999 年，美国西方石油公司与厄瓜多尔国有石油公司签订分成合同，由前者出资勘探开发厄境内的 15 号油田，产出的石油由双方按照大约 7∶3的比例进行分配。2000 年，西方公司将分成合同的 40% 权益转让给加拿大 AEC 公司。2006 年 5 月 15 日，厄瓜多尔当局以西方公司未经厄方批准擅自转让合同权益为由，宣布终止分成合同。两天之后，美国西方石油公司向 ICSID 申请仲裁。

仲裁庭认为，分成合同以及厄法律均规定，转让分成合同的权利义务须经厄当局批准，因此，美国西方石油公司未经批准而擅自转让合同确有不当；但是，转让行为未经批准这一事实并不导致分成合同应当被终止，以终止合同来惩罚西方石油公司不符合比例原则，违反公平和公正待遇条款，并构成间接征收。在计算赔偿额时，仲裁庭采用了现金流量折现法，即将 15 号油田未来预计将产生的全部净收益折现到分成合同被终止之日。15 号油田的可开采储量为 2.09 亿桶，据此计算出西方石油公司遭受的损失为 23.6 亿美元。由于该公司也有过错，仲裁庭裁令厄方承担 75% 的责任，赔偿 18 亿美元。本案给中国企业最大的启示是，即使投资者存在过错，东道国的处罚也应当符合比例原则。

2. “雷普索尔公司诉阿根廷案”

雷普索尔公司诉阿根廷案是近年来罕见的直接征收案件。2012 年 4 月，阿根廷出台“石油主权法案”，强行收购西班牙雷普索尔公司所持有的阿根廷第一大石油企业 YPF 公司 51% 的股份，将该公司收归国有。对此，雷普索尔公司采取了多种应对措施。首先，在国际上发动舆论攻势，持续声讨阿方强行收购行为的不法性。其次，由西班牙、欧盟和美国等在外交上对阿根廷政府施加强大压力。最后，于2012年12月向ICSID提出仲裁申请，索赔金额高达105亿美元，在法律上形成威慑。在舆论、外交、仲裁三方面施压的同时，雷普索尔公司一直与阿根廷政府保持接触，最终于2014年2月达成和解协议，后者同意补偿50亿美元，而前者则同意终止ICSID仲裁程序。雷普索尔公司综合运用多种手段解决投资争议的技巧，值得中国投资企业借鉴。

3. "尤科斯诉俄罗斯案"

"尤科斯诉俄罗斯案"除了创纪录的500亿美元赔偿额之外，还具有以下特点：首先，该案的基本事实是俄罗斯当局以执法手段打击并摧毁俄罗斯当时的第一大石油公司，包括：以非法避税为由责令补缴税款并处以罚金合计高达240亿美元；通过冻结资产等方式阻止清偿税款；操纵拍卖过程，将尤科斯公司主要资产以明显低价卖给俄国有企业等。其次，投资者对俄罗斯政府发起了旷日持久的全面"法律战"，包括：以尤科斯公司名义在俄罗斯国内法院提出起诉，以高管名义在欧洲人权法院起诉，以尤科斯公司三家股东名义申请国际仲裁、索赔1142亿美元。再次，本案仲裁庭澄清，所谓"非法投资不受保护"指的是投资过程中的非法行为；对于投资之后的不法行为，东道国可以依法处罚，但并不能剥夺其受国际法保护的权利。最后，仲裁庭指出，东道国政府如果恶意行使税收权力，以税收作为幌子行征收之实，则不属于税收例外，应当承担赔偿责任。

第三节　双边投资协定（BIT）与政治风险保险（PRI）的比较分析

从以上分析可以看到，介于中国作为ETC观察员的身份，ETC协议下条款目前并不能对中国企业提供保护，而MIGA作为多边国际组织，为中国企业提供保险的范围和支持程度也相对有限。因此，对于中国投资企业，具有较强适用性和现实意义的国际投资规则应该为中国与其他国家签订的 BITs，以及与 MIGA 发挥同样功能的中国出口信用保险公司提供的政治风险保险。本部分将从投资企业的角度，对比在对中国企业海外投资保护问题上，BIT 与 PRI 二者的联系和区别。

一、BIT 与 PRI 的联系

BIT 是两个国家签署的关于一国私人投资在另一国待遇的条款和条件的一种合约，也是约束政府履行其对来源不同国家私人投资者待遇承诺的一种国际法。作为一种协议，BIT 向投资者提供了关于东道国投资环境的一系列保证，以最小化另一国私人投资对于政治危险或威胁的暴露。BIT 通常提供的投资保障包括：（1）公平和公正待遇；（2）对于征收的保护；（3）货币的自由兑换和转移；（4）对于政治暴力的保障。BIT 的争端解决机制，给予投资者对抗某一类或某几类东道国政府行为的正当理由。一旦政治风险发生，投资者不需要依赖其母国政府对东道国政府提出索赔。

与 BIT 相比，尽管 PRI 保障了国外投资的相似的政治风险，但 PRI 是基于投资者或被保险人与保险机构签订的合同，保险机构承诺一旦东道国政府采取某种措施干预其投资项目，就会按照保险条款向被保险人进行赔付。

对于国内投资者来说，尽管政治风险保险和双边投资协定是管理政治风险的两种最有效的方式，但是大部分国际投资领域的从业人员并没有将两者与跨境投资项目进行结合考虑。此外，一些投资者和风险咨询机构片面地认为两者中的任何一种风险管理工具提供的保护都是足够的，并没有去探索另外一种工具能够提供的保障作用。事实上，缺乏对任何一种工具的理解或两者的结合能够减小政治风险暴露的考虑经常使企业基于不完全信息的基础上去制定投资决策。

调查显示，几乎所有跨国公司的决策制定者并没有将母国与东道国的 BIT 作为其尽职调查中的一部分。事实上，投资者和政治风险保险机构即使意识到 BIT 的价值，也只是确认母国和东道国之间 BIT 的存在与否，而不是对其具体内容进行审查。由于政治风险保险机构在承保过程中很少考察 BIT 的内容，大多数 BIT 领域的专家并不认为 PRI 能够对投资者的利益进行有效保护。

实际上，这两种风险管理工具存在许多相似之处：两者都是管理在波动的政治—经济体系中与投资相关的政治、监管和经济风险的工具；两者的征收条款都依赖国际法范围内被广泛接受的定义；两者都包含限制提供保护范围的例外或除外条款。当政府的行为引发了在两种工具中提出的保护条款的违约，但是同时引发限制条款，国外投资者的追偿请求的提出可能不会被满足。

在条款设置方面，经常会存在部分条款限制保险政策提供的保障范围，这一条款在保险安排（PRI）中被称作除外（exclusion）条款，而这类限制条款在 BIT 中被称作例外（exception）条款，即东道国政府引发除外条款，来使自身解除法庭已判决其违背 BIT 条款而产生的法律责任。作为一种积极的抗辩形式，政府一旦违背 BIT 中的条款，通常会援引这类条款以支持其观点。同时，如果损因由于触发例外条款因此而不属于保险协议的范围，被保险人将面临无效索赔。尽管这些限制条款具有运用上的不同，但两者都会使东道国政府和保险商免除在 BIT 或保险协议中规定的责任损失。由于这类条款的解释通常决定了保险公司是否进行赔付或东道国政府是否对仲裁裁决结果产生责任，因此，这列条款也通常是争端的来源。关于限制条款如何影响保障范围的解释对于理解 BIT 和 PRI 的有效性是必要的。

BIT 和 PRI 存在的差异需要投资者不仅仅要确认双边投资协定已生效，寻求获得综合政治风险管理计划的投资者更加需要审查母国政府和东道国政府之间的 BIT 条款，并考虑不同情况下的 PRI 如何能替代或补充 BIT 协议覆盖的风险范围。通过审查相关 BIT 的内容，投资者可以识别出无法对自身利益提供保护的特定方式，这时需要有针对性地选择 PRI 安排以填补风险敞口的空白。尽管 BIT 和 PRI 之间存在的不同点可能是技术性的，但这些差异决定了跨国公司是否能获得数以百万元的赔偿或最终一无所获。

为了这一原因，投资企业和风险管理专家有必要建立两者的联系桥梁。

通过考虑在不同情况下不同风险保障工具发挥的作用，中国投资者能够建立一种清晰的风险容忍度水平并最大化其在“一带一路”沿线国家的增长机会。为了实行一种综合的风险管理计划，并最小化对政治风险的暴露，投资者和其风险咨询机构需要理解这两种风险管理工具如何共同作用，以实施目标明确的尽职调查，保障自身及其海外项目的合法利益。

二、BIT 与 PRI 的区别

尽管两种风险管理工具均被设计用来规避境外投资的政治风险，在保护投资免遭政治风险方面，两者却存在显著区别。首先，从合约性质来看，PRI 是投资者与保险机构签订的保险合同，而 BIT 是约束政府履行其对来源不同国家私人投资者待遇承诺的一种国际法则；其次，PRI 的保险机构承诺对于东道国政府采取的某些措施进行赔偿，而 BIT 协议向国外投资者提供关于东道国投资环境的一系列保障。

假设 BIT 和 PRI 的每项条款规定都是相同的，那么国际投资主体只需要确认母国和东道国政府一项协议的存在，并能够依赖其对于保险条款的大致了解以达到规避风险的目的，但是事实与此假设却大相径庭。不同风险管理工具之间在保障类型和保障范围方面存在的不同可能会产生不同的仲裁结果或保险索赔进程。基于此，我们建议，在审查 BIT 具体内容之后，投资者考虑利用 PRI 的不同保险安排以补充 BIT 无法覆盖的风险范围，将会是投资者最小化对于政治风险的暴露。

具体来看，审查 BIT 具体条款的投资者可能会发现 BIT 并不保证投资者将本币兑换为自由流通货币以及汇回母国的权利。而投资者在进行 PRI 投保的过程中，可以对保险条款的设置约定一定的针对性条款。因此，投资者能够购买保障货币汇兑自由的政治风险保险，填补 BIT 的保障空缺。

通常情况下，为了返还本币利润并偿还本国银行债务，跨国公司需要获得来自东道国中央银行的允许。将资金从东道国银行转移到母国银行的过程通常需要两个基本步骤：（1）将当地货币兑换为可自由兑换货币；

（2）将兑换之后的货币转移到其母国银行。在特定情况或经济形势下，东道国中央银行会试图施加外汇管制，并阻止跨国公司进行以上两个步骤的返还操作。因此，货币不可兑换条款在两种风险管理工具中能够保护投资者免遭损失，无法返还利润的企业将被赔付给无法兑换或转移的资金部分。

尽管如此，货币汇兑限制风险并没有包含在所有的 BIT 协议约定中。此时，投资者和咨询者需要审查相关协议以确定货币汇兑限制风险是否包含在其中。作为风险管理决策的一部分，投资者应该理解两种工具的不同对于潜在的资本不可兑换风险产生的影响。

在以下部分，仍以汇兑限制风险为例，笔者将进一步对比 BIT 与 PRI 之间的具体差异。通过分析和解析由于阿根廷金融危机产生的一些投资争端的一系列案例，以下部分证明了 BIT 和 PRI 在下列几个方面表现出的不同：（1）被保险人/投资者履行责任；（2）等待期设置；（3）穷尽合理措施规定；（4）汇率类型和参考日期；（5）除外责任设置。

1. 被保险人/投资者履行责任

BIT 和 PRI 之间存在的一些关键性条款约定能够决定被保险人或东道国政府是否需要赔偿被保险人或投资者由于货币汇兑限制风险引发的损失。在政治风险保险协议中，PRI 约定了被保险人/投资者需要类型的必须责任。作为 PRI 条约下的一些保证和要件，这些责任列明了被保险人需要采取的措施以使最终索赔合法化。总之，较 BIT 而言，PRI 协议包括了投资者在获得理赔方面需要履行的更具体的责任。但是，大多数 BIT 的汇兑限制风险条款中只包含关于保证投资者货币兑换或转移的条款，并没有包含在仲裁提起过程中投资者需要履行的责任或义务。

尽管投资者或被保险人需要在 PRI 协议下履行更多的义务，但是这些要求的相对具体化能够有益于被保险人在项目的开端就能够了解承保、追偿的具体信息。而 BIT 条款的抽象和模糊化却使投资者无法得知一旦发生资本管制，需要履行怎样的程序，法庭才会受理其法律要求。在 BIT 仲裁中，由于项目争端解决的负责人不会参与协议谈判中，法庭裁决的相机抉择会由于投资者无法满足甚至未包含在协议中的规定而否决投资者的诉求。总体而言，相较 BIT，PRI 政策中的内容能够影响并产生不同的赔偿效果体现在：（1）在 PRI 中规定了东道国政府从最初施加货币汇兑限制到提起有效索赔所需要的时间以及需要的履行承诺、法律要件等；（2）在 PRI 中规定了被保险人需要履行的特定义务。但是在 BIT 中，对于投资者的义务并没有做出明确规定，这将为后续理赔和追偿造成一定困难。

2. 等待期设置

PRI 中所有的汇兑限制条款均包括了“等待期”，也就是被保险人首次试图转移资金但是被东道国拒绝，以及货币汇兑限制条款确认损失已经发生两者之间的时间。

从保险公司的角度，等待期一般为 180 天，这一等待期提供了保险人和被保险人足够的时间来确认东道国中央银行是否会撤销关于兑换或转移的限制。如果被保险人兑换或转移的努力最开始被拒绝发生在 3 月 1 日，但是 179 天后获得了汇兑请求批准，那么这就不是一种有效的索赔，原因是在等待期到期之前，限制已经被取消。尽管如此，如果限制在第 180 天仍然存在，甚至在第 181 天被撤销，被保险人对于兑换金额仍能提起有效的索赔。尽管如此，相对于标准的 180 天等待期，较短的等待期为投资者提供了一种更为有效的保护。

尽管所有的 PRI 规定了货币汇兑限制条款中，在被保险人提出索赔损失之前资本限制存在的时间，BIT 对于等待期并没有明确规定，而是由 BIT 的签署方承诺关于货币汇兑“不会进行不合理的延滞”。与 BIT 这一条款规定冲突的是，在货币汇兑限制条款下的仲裁，投资者要寻求补偿必须证明东道国政府已经在“不合理的时间”内进行了转移的限制，这无疑为投资者的举证义务提出了挑战。

此外，尽管“等待期”措施已经规定了被保险人提出有效索赔的特定时间点，BIT 关于汇兑限制风险条款的模糊规定却给仲裁机构裁决留下了较大的相机抉择性，其最终将影响汇兑延滞的合理认定。

3. 穷尽合理措施规定

许多 PRI 通常规定被保险人需要及时通知保险机构即将发生的潜在损

失，并要求被保险人采取一切必要的合理措施以避免政治风险的损失。但是，BIT 对于投资者却不包括类似的要求。

截至目前，基于被保险人未能履行应尽义务的原因，私有和公共 PRI 保险公司已经拒绝了若干起索赔。例如，1999 年，OPIC 拒绝了海运船舶公司提出的 300 万~500 万美元的索赔，主要损因为埃及政府对于该项目的干预。OPIC 拒绝理赔的原因部分在于海运船舶公司未能采取有效的措施来保障其权利并坚持善意原则与东道国政府进行协商。2002 年，OPIC 同样拒绝了一起来源阿根廷金融危机期间实施的资本控制的货币汇兑限制索赔。TGN 的担保方——纽约第一信托公司声称跨国公司在从东道国央行转移资金之前需要获得批准，这导致了 TGN 汇票收入的不可兑换性。OPIC 拒绝了纽约第一信托公司的索赔部分是由于 TGN 在整个等待期内只采取了两种措施来获得阿根廷央行的批准。OPIC 关于货币汇兑限制的承保，需要被保险人做出合理的努力与东道国政府共同解决问题，期望被保险人在整个等待期内进行兑换和限制的多种努力。在该案件中，纽约第一信托公司提出的索赔同样被拒绝，原因是 TGN 没能按照 OPIC 的政策将无法兑换的当地币总额放置在特定的“非兑换性账户”。

尽管 BIT 并未明示以上要求，投资者无法采取 PRI 明确要求的措施可能会影响在 BIT 项下对于索赔案件的裁决。

另外，针对阿根廷的一项 ICSID 索赔案件显示了一项裁决如何审查对于 BIT 货币兑换限制条款的违背。在 CNA 诉阿根廷的例子中，原告希望就东道国政府限制将本币兑换成其他货币并返还母国的权利提出索赔。尽管 BIT 没有明确说明投资者应该试图兑换和转移，以引发“非合理的延滞时期”，CNA 并未做出努力的因素促使法院裁决否决了索赔。

尽管被保险人未严格履行 PRI 中关于货币汇兑限制条款规定的特定要求可能会使索赔被拒绝，BIT 中类似责任和义务条款的缺失意味着在法院对于索赔的裁决过程中此类义务可能根本未被投资者纳入考虑的范围内。

4. 汇率类型和参考日期

尽管 BIT 和 PRI 关于货币汇兑限制条款的不同可能会决定东道国是否

会违背 BIT 或保险公司成对被保险人的索赔，这些区别也会进一步对追偿金额产生影响。确定了东道国政府的管制已经违背了 BIT 条款或引发的 PRI 中的损因之后，仲裁裁决机构和保险机构需要决定应以何种汇率去计算来自东道国行为的损失。这需要审查：（1）利用官方汇率还是市场参考汇率来计算属于投资者的损失；（2）具体哪一天的官方或市场参考汇率将被用来决定归属于投资者的损失。如以下部分解释，不同的参考日期的不同汇率类型能够在不同工具间产生显著不同。

（1）官方汇率和市场汇率

关于汇兑限制风险引发的损失，保险公司和东道国政府决定利用哪种汇率类型进行赔付，将会对赔偿金额产生显著的影响。尽管一国货币的官方汇率由东道国政府决定，国外外汇市场汇率却由公共和私人机构对所持货币进行的交易情况决定。在实践中，几乎所有的 PRI 均利用东道国政府的官方汇率来计算损失，而 BIT 通常利用外汇市场汇率或不明示这一问题。这一矛盾在自由浮动汇率的东道国并不十分凸显，但是对于管理/管制官方汇率的东道国而言，汇率选择的不同将对赔偿金额产生巨大差别。

（2）汇率的参考日期

除了兑换汇率的类型将对赔偿金额产生明显影响，汇率参考日期的差异也将对投资者在保险或仲裁裁决中的索赔产生显著影响。如前文提到的，大多数 PRI 中包含的 180 天等待期将对投资者的索赔结果产生显著影响：如果东道国政府的中央银行在被保险人首次返还利润之后的第 179 天之后解除管制，保险人将不需要偿付给投资者任何损失。

与之相反，如果汇兑限制在被保险人试图汇兑或转移的 180 天内未被解除，被保险人将提出有效的索赔。为了确定被保险人的赔付金额，保险公司或仲裁裁决应该确定用来支付赔偿汇率的参考日期。多数 PRI 提供了关于用来计算赔付给被保险人损失的汇率参考日期的参考。例如，如果汇率的参考日期是等待期的第一天，并且汇兑限制政策在之后的 180 天的等待期内持续存在，保险人将依据等待期第一天的官方汇率赔偿给被保险人。大部分的 PRI 指定了参考汇率为参考日期或是尝试进行兑换或转移的日期或是等待期到期的日期。

投资企业关于这一差异的第一印象可能是偏向技术性的，但是，对于来自阿根廷经济危机的汇兑索赔案例却提供了有价值的现实意义。

如阿根廷金融危机中的政府做法一样，投资东道国政府经常在贬值其货币之前对资本浮动施加管制。考虑到 PRI 需要被保险人做出合理的努力，被保险人在政府实行资本管制之后通常会采取一切办法试图进行兑换或转移，以触发等待期。考虑当地货币的账户持有人一旦得知准确信息或预期到贬值，将努力进行转移或兑换，政府在进行贬值其本币之前通常会实行转移限制。当转移限制之后，贬值来临的时刻，依据第 181 天汇率计算的被保险人对于未能兑换本币的价值将少于贬值之前参考汇率的价值。因此，利用等待期末汇率作为参考汇率的保险公司将把贬值风险转移给被保险人。

对于货币不可兑换/转移风险，损失日期意味着在政策期内，被保险人或国外企业首次尝试进行转移或兑换资金的日期。在这一政策下，另一种做法是货币汇兑索赔将依据等待期的第一天东道国与母国政府货币之间的汇率。如 MIGA 认为应该承担首次试图兑换/转移被拒绝之后的贬值风险。因此，在 180 天之后无法兑换货币的被保险人将获得依据贬值之前的汇率计算的赔偿。

与 PRI 不同，BIT 中的货币汇兑条款并不包含用来计算损失的参考汇率的规定。与 PRI 建立的赔偿协议中规定的东道国政府采取的措施并引发潜在索赔提供的保障不同，BIT 仅仅提供了关于国外投资者待遇的一系列保证。尽管这些差异看起来是形式而非实质性的，由于保险政策的主要目的是赔偿遭受损失的被保险人，PRI 包含用于赔付被保险人的参考汇率。相反，由于 BIT 的主要目的是提供给投资者一系列关于东道国投资环境的承诺，它并不关注一旦东道国未能履行相关义务，投资者如何获得赔付。

5. 除外责任设置

BIT 中的非妨碍措施条款（Non-Precluded Measure clauses，NPMs）使东道国政府免除了违背 BIT 中某些条款所造成的责任。一些除外条款的设置显示了通过设置如何改变保障范围。为了理解 BIT 中除外条款的设置如何影响货币汇兑限制的索赔，需要了解中央银行在哪一时点以及因何原因对当地的私人银行账户施加限制。

东道国政府通常对不同的情况下由于不同的原因实施汇兑限制。尽管如此，这些限制通常被实施以管理国际收支问题或应对危机。

当一国无法支付进口开支或偿还债务时，会发生国际收支或货币危机。为了解决这一问题，中央银行会高估其货币价值以刺激进口，以及偿还债务余额。东道国政府利用国家储备在公开市场上购买其本币，以抬高本币价值。随着外汇储备的供应量不断下降，中央银行通常施加外汇管制阻止投资者将本币兑换为硬通货。用来维持高估汇率的外汇控制是造成汇兑限制的一种常见的来源。

尽管大部分的除外条款向东道国政府提供了在经济不稳定或经济危机时刻采取某些措施的权利。1994 年生效的美国—阿根廷 BIT 以及 NPW 条款是来源金融危机的仲裁广泛争论的内容。就投资者认为阿根廷违反了 BIT 中的若干条款，阿根廷援引了除外责任条款：

“这一协议不应该阻止任何一方采取必要的措施来维持公共秩序，关于维持或维护国际和平或安全的义务的履行，或是自身必要安全措施（essential security interest）的保障。”

尽管这一条款维持了签约方在某些情况下的权力，关于金融或经济危机是否属于必要的安全利益的范围仍是不清晰的。阿根廷援引除外条款作为抗辩依据。大部分法院裁决将必要的安全利益定义为威胁一国的存在。尽管许多裁决认为阿根廷的金融问题对国家产生了明显的影响，大多数裁决否认了抗辩理由部分是因为他们认为经济危机并没有威胁国家的存在。

同样，在“比索化”后的两年，加拿大政府发布升级其 BIT 版本。与美国—阿根廷之间的 BIT 相对比，加拿大 BIT 的 NPM 条款包括了赋予政府在金融不稳定期间采取措施的权力的语句：

“无论协议中其他条款如何规定，关于审慎原因的金融服务，一方不应该被阻止采取措施，包括对于投资者的保护以确保金融系统的完整性和稳定性。”

相对于阿根廷—美国 BIT，加拿大的 BIT 为东道国政府提供了更多的行为原因，如在经济不确定期间实施某些货币政策，并且这一语句设置了引发 NPW 条款保护的更低的门槛。通过向签约方提供确保经济完整性和稳定性的权利，而不需要证明国家的存在受到威胁，这一条款使东道国政府能够采取措施预先确保经济的稳定形势。自 2003 年以来，包括美国等一些国家，已经在 BIT 中包括了特殊语句，确保在经济不稳定期间采取较广范围的措施的权利。

其他国家已经进行了 NPM 条款的谈判，以限制 BIT 中关于汇兑限制条款的有效性。许多 BIT 协议给予了东道国政府为了管理国家收支问题实施外汇管制的权利。例如，日本和越南的 BIT 中约定了解决国际收支问题的例外条款的细节：

"合同签约方可能会采取或维持与协议中规定的责任不相符的措施：a. 遭遇严重的国际收支和外部财政困难；b. 在特殊情况下，资本的流动引发了宏观经济管理的严重的困境，尤其在货币政策领域……"

假设东道国政府通常会实施外汇管制来管理国际支付危机，日本和越南的 BIT 极大降低了货币汇兑条款的保护范围。在这种情况下，投资者应该积极探索 PRI 的选择。

第四节　海外投资保险制度对于构建国际投资规则的意义

从以上对比角度，可以看到，海外投资保险制度对于构建中国参与国际投资体系框架建设的意义主要体现在以下两方面。

一、对于中国已参与的国际投资规则

在目前已有的国际投资体系中，中国已与 120 多个国家签订了 BITs，并成为《华盛顿公约》和《纽约公约》的签订国。因此，在现有的投资保护措施中，中国企业对外直接投资的最直接和最根本的保障主要是通过中

国与其他国家签订的BITs协议条款。另外，在实践中，海外投资保险制度在对于国内企业对外投资的承保风险、追偿等方面与BITs存在很大程度上的重合和交织。

尽管如此，正如前文所述，一方面，中国企业对于BITs的关注仅限于风险发生后的阶段，事前认识和关注不足；另一方面，目前存在且生效的BITs对于中国企业的保障受到相当大的限制，即便中国和东道国之间已签署BIT，但是，在风险发生后，中国企业往往并不能获得有效的保障和赔偿。

因此，对于中国已签署的BITs、《华盛顿公约》和《纽约公约》，从保障中国境外投资利益的角度，海外投资保险制度可以对投资保障规则受到约束的部分进行一定程度的风险补偿。从海外投资保险制度发展和未来完善的角度，结合已生效的BITs、《华盛顿公约》和《纽约公约》条款，海外投资保险在承保风险、理赔和追偿机制方面应逐步嵌套入中国整个国际投资保障体系的框架内，充分发挥互补作用。

二、对于中国未来参与的国际投资规则

从现阶段中国的对外直接投资的区域分布来看，预计未来中国企业的国际化布局将更加广阔和丰富。目前，中国与美国、欧盟的BITs正处于谈判过程中。

针对中国未来参与国际投资规则的谈判，中国政府层面应该充分借鉴目前投资保护体系框架中的不足，在弥补目前不足的前提下，对于谈判内容和关注点应体现前瞻性预判。此外，中国政策层面应该重视海外投资保险在国际投资框架构建中发挥的潜在作用，在投资者保障条款、争端解决机制、追偿条款等方面，充分考虑海外投资保险在投资者保护、理赔追偿方面的经验和优势，整合以BITs为主，以海外投资保险制度、《华盛顿公约》以及《纽约公约》等投资保护规则为辅助制度安排的中国国际投资保障体系建设。

本章小结

1. 国际投资体系目前仍缺乏一个基本的多边框架，而是一系列多边、区域和双边纪律以及单边规范的一个较混乱的组合。目前海外投资国际规则主要由双边投资协定、《能源宪章条约》《关于解决国家和其他国家国民投资争端公约》、自由贸易协定等协议组成。对于中国对外投资企业而言，目前对于东道国政治风险提供有效的投资保护途径主要是双边投资协定和中国出口信用保险公司提供的海外投资保险。

2. 从投资者的角度，应该在投资之前意识到 BIT 和 PRI 政策措辞决定了投资者的风险保障程度以及后续能否获得赔偿，所以应该给予政治风险防范方案更多的关注。例如，仅仅关注返还资金的能力却没有确认中国与东道国的 BIT 是否包含货币汇兑限制条款的投资者很可能错误地认为 BIT 能够对其投资提供保护，从而未采取其他措施，进而投资者将为这一疏忽付出昂贵的代价。

3. 通过对比 BIT 条款与 PRI 协议条款，可以发现由于两者文本属性的不同，BIT 条款在许多关键性问题上都进行了模糊处理，对于投资者后续申请法律程序等方面的规定不足以指导投资者进行及时、有效地索赔。与 PRI 不同，BIT 条款侧重于对投资者保障的承诺。

4. 从中国以参与和未来参与的国际投资规则两方面，我们认为，在政策层面，应该重视海外投资保险在国际投资框架构建中发挥的潜在作用，整合以 BITs 为主，以海外投资保险制度、《华盛顿公约》以及《纽约公约》等投资保护规则为辅助制度安排的中国国际投资保障体系建设。

第六章

跨境直接投资监管框架

2017 年 8 月，国家发展改革委、商务部、人民银行、外交部联合发布《关于进一步引导和规范境外投资方向的指导意见》。这一意见指出，当前国际国内环境正在发生深刻变化，我国企业开展境外投资既存在较好机遇，也面临诸多风险和挑战。要以供给侧结构性改革为主线，以“一带一路”建设为统领，进一步引导和规范企业境外投资方向，促进企业合理有序开展境外投资活动，防范和应对境外投资风险，推动境外投资持续健康发展，实现与投资目的国互利共赢、共同发展。在这一意见中，监管部门对于鼓励开展的境外投资、限制开展的境外投资、禁止开展的境外投资做出了明确规定，从而在政策层面为企业境外投资监管明确了方向。

2017 年上半年跨境并购数据显示，由于国内企业未能按时获得跨境直接投资造成并购交割延滞而造成的分手费支出呈现大幅上升。在未来绿地投资或跨境并购交易中，国内监管层面的合规性也逐步成为企业需要予以更多关注的因素。据此，在本章中，笔者从管制政策趋严的背景、当下的监管框架、管制趋严的具体表现、政策预期走向等方面进行如下梳理和总结。通过本章内容对这些问题的研究，有助于相关机构和中国投资企业理解和把握国内监管层的监管思路和监管逻辑。

第一节 监管政策趋严背景

一、资本净流出规模增大，跨境直接投资呈现“内冷外热”

2015 年，中国实际使用外资金额 1356 亿美元，同期中国对外直接投资流量超过实际使用外资金额 100.7 亿美元，对外投资首超吸引外资，中国开始步入资本净输出阶段。到了 2016 年 9 月末，中国首次超越美国，成为全球最大资本输出国，资金净流出额度高达 781 亿美元。单从并购交易来看，2016 年 1 ~9 月，中国企业共实施海外并购项目 521 个，实际交易金额 674.4 亿美元，已经超过 2015 年全年并购金额。

二、国内外环境变化，人民币贬值压力持续

自 2016 年以来，人民币对美元汇率从年初的 6.50 附近一度跌到 6.90 关口。虽然截至 2017 年中期，人民币兑美元汇率有企稳回升趋势，但是在美国加息和美联储缩减其资产负债表规模的国际经济环境下，人民币贬值预期依旧存在。同时，国内经济转型期以及外部环境呈现的复杂局面等多重问题的交织也为人民币币值长期稳定提出了巨大的挑战。

三、外储规模出现趋势下滑，管控信心不足

2014 年金融危机后，中国外汇储备从 4 万亿美元以上规模降到 2016 年 11 月的 30516 亿美元，下降幅度超 25%。2016 年 11 月，外储规模环比下降 690.57 亿美元，呈现连续第 5 个月下滑，为当年 1 月以来最大单月降幅。2016 年仅前三季度，中国资本项下的逆差就达到了 2075 亿美元。随着人民币贬值趋势出现缓和，相应地外汇储备下滑趋势也出现回稳。尽管如此，从政策层面来看，外汇储备的预期下降将进一步引发 2016 年以来的人民币汇率的“自我实现式”贬值，易造成市场恐慌情绪，监管难度加大。

四、企业海外投资行为表现出非理性，破坏市场秩序

自2014年以来，在人民币贬值预期下，国内企业和个人在国内大量借入资金、在海外大肆购入外币资产，从而达到投机或转移资产的目的，不仅扰乱了国内市场的秩序，而且为国际资本市场的正常运行带来了一定冲击。最近一段时间以来，以非经营为目的进行的海外投资愈加呈现“井喷”趋势。对于国有企业的大规模跨境投资，进行盲目的海外扩张将危及国内整体的金融稳定和金融安全，政府更有责任确保其资产配置的安全和效率。

第二节　当前的跨境投资监管框架

综合资本管制的趋严背景，可以看到，监管部门的直接目的在于对资本流出即外币资金出境活动的规范。预计未来涉及外汇出境的非合规交易均会受到一定影响。从外汇资金出境的途径来看，经常账户方面，主要是服务、进口贸易的付汇，以及企业的股利支付；资本账户方面，主要是外债偿还、外商投资企业的减资、境外直接投资、境外放款等。其他途径还包括内保外贷模式中，境内银行的担保履行造成的资本流出。

现就涉及跨境直接投资中常见的境外直接投资、境外放款、内保外贷等模式的当前监管框架进行如下介绍。值得注意的是，境外放款和内保外贷均可以作为境外债权投资的一部分，被置于广义的境外直接投资监管体系之内。

一、境内机构境外直接投资（ODI）

在现行法律法规体系下，境内机构跨境直接投资一般主要涉及三个部门的备案批准，即发改委（包括国家发展和改革委员会及省级地方发展和改革委员会），商务部（包括商务部和省级地方商务主管机关）以及国家外汇主管部门（包括国家外汇管理局和省级地方外汇主管部）。

（一）发改委

1. 审批权限

根据国家发改委2014年5月8日颁布的《境外投资项目核准和备案管理办法》和《国家发展改革委关于修改〈境外投资项目核准和备案管理办法〉和〈外商投资项目核准和备案管理办法〉有关条款的决定》（国家发展和改革委员会令第20号），国家发改委对于境外投资项目实施核准和备案相结合的管理方式，除明确规定需核准外的其他境外投资项目均实施备案管理，核准和备案的项目根据其中方投资额的大小等由不同层级的发改委进行管理。

表6.1　境外直接投资发改委审批权限

审批层级	条件
国家发改委提出审核意见报国务院核准	中方投资额20亿美元及以上，并涉及敏感国家和地区、敏感行业的境外投资项目
国家发改委核准	涉及敏感国家和地区、敏感行业的境外投资项目不分限额
国家发改委备案	中央企业的境外投资项目；中方投资额3亿美元或以上由地方企业实施的项目
省、自治区等省级政府的投资主管部门备案	中方投资额3亿美元以下由地方企业实施的项目

2. 程序和审批时间

表6.2　境外直接投资发改委审批程序和时间

备案申请		
	步骤	主要内容
1	提交境外投资项目备案申请表并附有关附件	向省级发改委提交
2	材料补正	省级发改委在5个工作日内一次性告知申报单位予以补正
3	特别程序	如省级发改委受理项目申请报告后，认为确有必要，应在5个工作日委托咨询机构评估（评估时间原则不超过40个工作日）
法定审核时限：		7个工作日

续表

变更备案	
需要变更备案的情况	(1) 项目规模和主要内容发生变化; (2) 投资主体或股权结构发生变化;或 (3) 中方投资额超过原核准或备案的20%及以上
步骤	根据审批层级及其审核权限,向相应主管部门进行申请和递交材料

(二) 商务部门

商务部最新修订的《境外投资管理办法》自2014年10月6日起实施后,商务部对境内企业境外投资的管理转变为“备案为主、核准为辅”的模式,即除境内企业境外投资涉及敏感国家和地区或敏感行业的实行核准管理外,其他境内企业境外投资项目均实施备案管理,相关办理程序也较之前得到了较大的简化。

1. 审批权限

表6.3 境外直接投资商务部审批权限

审批层级	条件
省级商委受理并上报商务部核准	企业境外投资涉及敏感国家和地区、敏感行业
商务部备案	中央企业的境外投资
省级商委备案	地方企业的境外投资

2. 程序和时间

表6.4 境外直接投资商务部审批时间和程序

备案申请		
	步骤	主要内容
1	网上填报	企业通过省级商务主管部门“境外投资管理系统”填写《境外投资备案表》并进行打印
2	现场提交	打印的《境外投资备案表》加盖企业印章,连同企业营业执照复印件一同报送省级商务主管部门备案

续表

备案申请	
法定审核时限	收到《境外投资备案表》之日起3个工作日内予以备案并颁发《企业境外投资证书》。但期间如果被要求补正材料或提交额外说明，将需要更长的时间
变更备案	
需要变更备案的情况	原《企业境外投资证书》载明的境外投资事项发生变更的，地方企业应当按照前述申请程序向原备案的省级商务主管部门办理变更手续
步骤	填写、打印、盖章并提交《境外投资备案表》
再投资备案	
需要再投资备案的情况	企业投资的境外企业开展境外再投资的，在完成境外法律手续后，向商务主管部门报告
步骤	通过“境外投资管理系统”填报相关信息，打印《再投资报告表》并加盖印章后报省级商务主管部门
其他需要说明的情况	
多方共同投资	对于两个以上企业共同开展同一项境外投资的，应当由参与该项投资的相对大股东在征求其他投资方书面同意后办理备案。如果各方持股比例相等，应当协商后由一方办理备案。如投资方不属同一行政区域，负责办理备案的省级商委应当将备案或核准结果告知其他投资方所在地商务主管部门
《企业境外投资证书》有效期	自领取之日起2年内如企业未在境外开展投资的，《企业境外投资证书》自动失效。此后如有需要，应重新办理备案或申请核准

（三）外汇管理部门

根据国家外汇管理局2015年2月28日发布的《国家外汇管理局关于进一步简化和改进直接投资外汇管理政策的通知》（以下简称《外汇通知》），自2015年6月1日起，境内企业境外直接投资的外汇登记核准之行政审批取消，改为“银行办理、外管监督”的模式，据此，改革之后，将主要由银行代替国家外汇管理部门通过外汇局资本项目信息系统办理和完成企业境外直接投资的相关外汇登记手续，而国家外汇管理部门的职能将逐步褪变为事后监管与控制。根据《外汇通知》，自 2015 年 6 月 1 日起，境内机构可自行选择注册地银行办理直接投资外汇登记及账户开立、资金汇兑等业务。《外汇通知》还明确指出取消了境外再投资（指境内投资主体设立或控制的境外企业在境外再投资设立或控制新的境外企业）的外汇备案手续。同时，也取消了过去的直接投资外汇年检制度，改为实行存量权益登记的管理方式，通过银行上报数据。

2015 年 6 月 1 日起外汇办理程序如下：

表 6.5　境外直接投资外汇管理部门办理程序

办理事项	说明
一、需要外汇主管部门核准办理的事项	
1. 大额前期费用	累计汇出的前期费用超过 300 万美元或超过中方投资总额的 15% 的，境内机构需提交说明函至注册地外汇局进行申请
2. 境外债转股	境外放款转为对境外公司股权的，境内机构应同时向注册地外汇局申请办理境外放款变更或注销登记
二、可向银行直接办理的事项	
1. 境内机构境外直接投资前期费用登记	不以取得商务主管部门出具的《企业境外投资证书》为前提，但累计汇出的金额原则上不得超过 300 万美元且不得超过中方投资总额的 15%，并应当在汇出前期费用后的 6 个月内设立境外投资项目或购买境外房产
2. 境内机构境外直接投资外汇变更登记	境内机构办理完直接投资外汇登记后，因转股、减资等原因需要汇回资金的，或不再持有境外企业股权的，或境内机构设立境外分公司需追加开办费用等的情况需办理外汇变更登记
3. 境内机构境外直接投资清算登记	境内机构所投资境外企业清算的，可通过办理清算登记相应汇回有关资金
4. 境外直接投资存量权益登记	凡进行境外投资的境内机构均需按年度进行此项登记，具体指境内投资主体自行或托会计师事务所、银行于每年 1 月 1 日至 9 月 30 日（含），通过外汇系统企业端、银行端或事务所端向外汇局报送《境外直接投资中方权益统计表》，反映上年度境外企业资产、负债和所有者权益相关数据信息。外汇局仅负责抽查。未按规定办理登记或被业务管控的，银行将不得为其办理后续资本项下外汇业务

续表

办理事项	说明
5. 境内机构境外直接投资前期费用汇出/汇回	境内机构完成前期费用外汇登记手续后可在银行办理前期费用的汇出、汇回
6. 境内机构境外直接投资资金汇出	境内机构完成直接投资外汇登记手续后可在银行办理资金汇出
7. 境外资产变现账户开、注销、入账、结汇	境外投资企业发生减资、转股、清算或债权投资回收等业务的，银行可根据境内机构的申请直接办理开户手续。账户使用完毕后，银行可根据开户主体的申请直接办理账户注销手续
8. 境外直接投资企业利润汇回	境内机构完成外汇登记手续，并按期办理存量权益登记的，可通过银行办理利润汇回。汇回利润可保留在相关市场主体经常项目外汇账户或直接结汇

（四）国资委

2017年1月7日，国务院国有资产监督管理委员公布《中央企业境外投资监督管理办法》，建立并完善了中央企业境外投资事前管理、境外投资事中管理、境外投资事后管理、境外投资风险管理制度。国资委将按照以管资本为主加强监管的原则，以把握投资方向、优化资本布局、严格决策程序、规范资本运作、提高资本回报、维护资本安全为重点，依法建立信息对称、权责对等、运行规范、风险控制有力的中央企业境外投资监督管理体系，推动中央企业强化境外投资行为的全程全面监管。

二、境外放款

关于境内企业境外放款，可以分为境外外币放款和境外人民币放款，分别归属外管局和中国人民银行管理。

《关于境内企业境外放款外汇管理有关问题的通知》（汇发〔2009〕24号，简称24号文）及相关后续修正指引，对境外放款的主体资格、资金来源、限额、期限、申请、审批和监管、专用账户申请以及资金进出等问题做了明确。

（一）境外放款的主体资格

根据24号文规定，任何境内企业（金融机构除外，“放款人”）均可向其在境外合法设立的全资附属企业或参股企业（“借款人”）提供借款。

放款人和借款人均应符合以下条件：放款人和借款人均依法注册成立；放款人与借款人有持续良好经营的记录，有健全的财务制度和内控制度，在最近三年内均未发现外汇违规情节；放款人历年的境外直接投资项目均经国内境外投资主管部门核准并在外汇局办理外汇登记手续，且参加最近一次境外投资联合年检评级为二级以上（成立不足一年的除外）；经批准已从事境外放款的，已进行的上一笔境外放款运作正常，未出现违约情况。

（二）资金来源、限额和期限

根据24号文规定，放款人可使用其自有外汇资金、人民币购汇资金以及经外汇局核准的外币资金池资金向借款人进行境外放款。《国家外汇管理局关于进一步改进和调整资本项目外汇管理政策的通知》（汇发〔2014〕2号）进一步放宽了境内企业境外放款的管理。包括：放宽境内企业境外放款主体限制；允许境内企业向境外与其具有股权关联关系的企业放款；境内企业凭境外放款协议、最近一期财务审计报告到所在地外汇局办理境外放款额度登记，境内企业累计境外放款额度不得超过其所有者权益的30%；如确有需要，超过上述比例的，由境内企业所在地外汇分局按个案集体审议方式处理；取消境外放款额度2年有效使用期限制。境内企业可根据实际业务需求向所在地外汇局申请境外放款额度期限。

2017年1月26日，外管局发布了《进一步推进外汇管理改革完善真实合规性审核的通知》（汇发〔2017〕3号，简称3号文），规定：实施本外币全口径境外放款管理。境内机构办理境外放款业务，本币境外放款余额与外币境外放款余额合计最高不得超过其上年度经审计财务报表中所有者权益的30%。

2016年11月30日，中国人民银行发布《关于进一步明确境内企业人民币境外放款业务有关事项的通知》（银发〔2016〕306号），协调统一跨境人民币和外汇管理，旨在实行本外币一体化的宏观审慎管理。

现就人民币境外放款和外币境外放款管理进行对比：

表 6.6　人民币境外放款和外币境外放款管理的对比

	人民币（旧规）	人民币（306号文）	外币
法律依据	关于简化跨境人民币业务流程和完善有关政策的通知（银发〔2013〕168号）	关于进一步明确境内企业人民币境外放款业务有关事项的通知（银发〔2016〕306号）	关于境内企业境外放款外汇管理有关问题的通知（汇发〔2009〕24号）；关于进一步改进和调整直接投资外汇管理政策的通知（汇发〔2012〕59号）关于进一步改进和调整资本项目外汇管理政策的通知（汇发〔2014〕2号）；关于印发《跨国公司外汇资金集中运营管理规定》的通知（汇发〔2015〕36号）
放款主体	境内非金融机构 1. 放款人依法注册成立； 2. 放款人有持续良好的经营记录，最近两年内没有出现亏损	境内非金融企业或集团财务公司； 放款人注册成立1年以上	境内企业（金融机构除外） 1. 放款人依法注册成立； 2. 放款人有持续良好经营的记录，在最近三年内均未发现外汇违规情节； 3. 放款人历年的境外直接投资项目均在相关部门核准并在外汇局外汇登记，且最近一次境外投资联合年检评级为二级以上； 4. 经批准已从事境外放款的，已进行的上一笔放款运作正常，未出现违约情况
放款对象	包括但不限于与境内放款人具有股权关系的关联企业	借款人与放款人之间应具有股权关联关系	1. 境内企业在境外合法设立的全资附属企业或参股企业 （1）借款人依法注册成立； （2）借款人有持续良好经营的记录，有健全的财务制度和内控制度，在最近三年内未发现外汇违规情节； （3）允许境内企业向境外与其具有股权关联关系的企业放款

续表

	人民币（旧规）	人民币（306号文）	外币
额度限制	无要求，但应向所在地人民银行办理跨境备案	结算银行应要求放款人在办理人民币境外放款业务前在所在地外汇管理部门进行登记，在企业境外放款余额上限内为其办理业务； 对境内企业人民币境外放款业务实行本外币一体化的宏观审慎管理； 企业境外放款余额上限 = 最近一期经审计的所有者权益 × 宏观审慎调节系数 企业境外放款余额 = $\sum$ 境外放款余额 + $\sum$ 提前还款额 ×（1 + 提前还款天数/合同约定天数）+ $\sum$ 外币境外放款余额 × 币种转换因子 每5年对提前还款所占额度进行清零	核定额度，境外放款余额与外币境外放款余额不得超过其所有者权益的30%； 跨国公司外汇资金集中运营：向所在地外汇局申请办理境外放款额度登记；对外放款额度超过境内成员企业所有者权益的50%的，可以向分局申请
开展方式	人民币资金池或者开立人民币专用存款账户单独放款形式	宏观审慎调节系数为0.3；币种转换因子为0. 可根据形势动态调整	外币资金池或境外放款专用账户
放款资金来源	放款企业合法获得的人民币资金	放款人不得使用个人资金向借款人进行境外放款，不得利用自身债务融资为境外放款提供资金来源	自用外汇资金、人民币购汇资金以及经外汇局核准的外币资金池资金； 允许境内主体以国内外汇贷款对外放款
账户	人民币专用存款账户	人民币专用存款账户	境外放款专用账户；跨国公司：国际外汇资金主账户
账户管理	境外人民币放款专用账户应与放款合同一一对应。账户存款利率按人民银行公布的活期存款利率执行		所有境外放款的资金必须经境外放款专用账户汇出境外

续表

	人民币（旧规）	人民币（306号文）	外币
放款利率、期限和用途	按照商业原则，在合理范围内协商确定	境外放款利率应符合商业原则，在合理范围内协商确定，但必须大于零； 放款期限原则上应在6个月至5年内； 结算银行需严格审核境外借款人的经营规模是否与借款规模相适应，以及境外借款资金的实际用途，确保境外放款用途的真实性和合理性	境外放款用途符合我国及借款人所在国家或地区的法律法规； 放款人与借款人签订的放款协议中需明确金额、利率、期限、担保方式、还本付息方式等内容
资金回流	必须经由放款的人民币专用存款账户以人民币收回，且回流金额不得超过放款金额及利息、境内所得税、相关费用等合理收入之和	出现借款人逾期未归还的，且放款人拒不做出说明或说明缺乏和理性的，结算银行应暂停为其办理新的境外放款业务，并向当地人行报送。 境外放款可以站起，但原则上一笔业务展期不超过一次。 人民币境外放款必须经由放款的人民币专用存款账户以人民币收回，且回流金额不得超过放款金额及利息、境内所得税、相关费用等合理收入之和	还本付息资金必须汇回其境外放款专用账户

三、内保外贷

根据《跨境担保外汇管理规定》和《跨境担保外汇管理操作指引》，关于内保外贷的外汇管理规定主要有以下内容。

（一）内保外贷的登记

境内企业可以选择通过内保外贷业务实现使资金间接出境的目的。内保外贷是指担保人注册地在境内、债务人和债权人注册地均在境外的跨境担保，主要包括如下两种情况：

第一，银行作为担保人的内保外贷。其具体操作模式为由境内企业作为反担保人为境内银行提供担保，境内银行作为担保人开出保函或备用信用证将境外银行作为受益人，由境外银行为境外债务人（“债务人”）提供融资的跨境担保模式。

第二，担保人为非银行金融机构或企业（“非银行机构”）的内保外贷。其操作模式为由非银行机构作为担保人为境外的债权人提供担保，由该境外的债权人为债务人提供融资的跨境担保模式。

（二）内保外贷项下资金使用限制

内保外贷项下资金用途应当符合以下规定：

1. 内保外贷项下资金仅用于债务人正常经营范围内的相关支出，不得用于支持债务人从事正常业务范围以外的相关交易，不得虚构贸易背景进行套利，或进行其他形式的投机性交易。

2. 未经外汇局批准，债务人不得通过向境内进行借贷、股权投资或证券投资等方式将担保项下资金直接或间接调回境内使用。2017 年 1 月，外管局 3 号文放松了这一限制，允许内保外贷项下资金调回境内使用，规定：债务人可通过向境内进行放贷、股权投资等方式将担保项下资金直接或间接调回境内使用。银行发生内保外贷担保履约的，相关结售汇纳入银行自身结售汇管理。

3. 内保外贷合同项下发生以下类型特殊交易时，应符合以下规定：内保外贷项下担保责任为境外债务人债券发行项下还款义务时，境外债务人应由境内机构直接或间接持股，且境外债券发行收入应用于与境内机构存在股权关联的境外投资项目，且相关境外机构或项目已经按照规定获得国内境外投资主管部门的核准、登记、备案或确认；内保外贷合同项下融资资金用于直接或间接获得对境外其他机构的股权（包括新建境外企业、收购境外企业股权和向境外企业增资）或债权时，该投资行为应当符合国内相关部门有关境外投资的规定；内保外贷合同项下义务为境外机构衍生交易项下支付义务时，债务人从事衍生交易应当以止损保值为目的，符合其主营业务范围且经过股东适当授权。

表6.7针对银行和非银行机构担任内保外贷中的担保人时的不同规定做了简单总结对比。

表6.7 内保外贷程序

担保人	银行	非银行
登记	通过数据接口程序或其他方式向外汇局报送内保外贷业务相关数据	签订担保合同后15个工作日内到所在地外汇局办理签约登记，该种情况下，外汇局按照真实、合规原则对非银行机构担保人的登记申请进行程序性审核，并为其办理登记手续担保主要条款变更的，于15个工作日内办理变更登记
履约	自行办理履约项下的对外支付	凭加盖外汇局印章的担保登记文件直接到银行办理担保履约项下购汇及对外支付； 境外债务人偿清境内担保人承担的债务前，未经外汇局批准，担保人应暂停签订新的内保外贷合同
担保人成为对外债权人后的对外债权登记	通过资本项目信息系统报送。 担保项下的债务人（或反担保人）主动履行对担保人的还款义务的，债务人（或反担保人）、担保人可自省办理收付款手续；不主动履行付款义务的，担保人以合法手段从债务人（或反担保人）清收的资金，其币种与原担保履约币种不一致的，担保人可自行办理汇兑手续	担保履约后15个工作日内到外汇局登记； 向债务人追偿所得资金为外汇的，在向银行说明资金来源、银行确认境内担保人已按照相关固定办理对外债权登记后可以办理结汇

第三节 监管新规政策

总结以上监管部门对资本出境的监管思路，总体上基本沿袭了从烦琐到简化的演变过程。自2016年以来，发展改革委、商务部、外管局等部门也陆续对涉及资金出境的跨境交易做出进一步规范，如境外投资方面的相关规定以及对个人购汇信息申报的调整，监管框架在简化的基础上更加精细化。

一、外管局监管政策变化

2016年11月29日，国家外汇管理局发布消息如下：

外管局一直支持有能力和有条件的企业开展真实合规的对外直接投资业务。对外直接投资应当具有真实合法的交易基础，并按规定办理登记。外汇局将配合境外投资相关管理部门进行真实性合规性审核，打击虚假对外投资行为，促进对外直接投资健康有序发展；

要求银行在办理资本项下业务时，针对单笔购汇、付汇、本外币支出等值500万美元的交易，需要事先向外汇局进行大额报告。约谈的方向有三个：一是海外利润是否还会返回中国，二是具体项目内容，三是资金来源；

对对外直接投资项下尚可流出额度超过5000万美元（含）以上的对外投资项目进行管控；在有关部门完成真实性、合规性审核之后，再予办理；

不得为规避大额业务报告进行拆分。

2017年1月，外管局3号文对境外直接投资提出要求：加强境外直接投资真实性、合规性审核。境内机构办理境外直接投资登记和资金汇出手续时，除应按规定提交相关审核材料外，还应向银行说明投资资金来源与资金用途（使用计划）情况，提供董事会决议（或合伙人决议）、合同或其他真实性证明材料。银行按照展业原则加强真实性、合规性审核。

二、发展改革委、商务部、人民银行、外管局四部门监管政策变化

2016年12月6日，发展改革委、商务部、人民银行、外汇局四部门负责人就当前对外投资形势下中国相关部门将加强对外投资监管答记者：

1. 有消息称，当前对外投资形势下中国相关部门将加强对外投资监

管。请问对此有何评论？

答：我国对外投资的方针政策和管理原则是明确的，我们鼓励企业参与国际经济竞争与合作、融入全球产业链和价值链的方针没有变，坚持对外投资“企业主体、市场原则、国际惯例、政府引导”的原则没有变，推进对外投资管理“简政放权、放管结合、优化服务”改革的方向也没有变。我们支持国内有能力、有条件的企业开展真实合规的对外投资活动，参与“一带一路”共同建设和国际产能合作，促进国内经济转型升级，深化我国与世界各国的互利合作。同时，监管部门也密切关注近期在房地产、酒店、影城、娱乐业、体育俱乐部等领域出现的一些非理性对外投资的倾向，以及大额非主业投资、有限合伙企业对外投资、“母小子大”“快设快出”等类型对外投资中存在的风险隐患，建议有关企业审慎决策。对外投资管理机制是我国开放型经济体制的重要组成部分，我们将把完善中长期制度建设和短期相机调控结合起来，在推进对外投资便利化的同时防范对外投资风险，完善和规范市场秩序，促进对外投资健康有序发展，保持国际收支基本平衡。

2. 对当前对外投资形势如何看？需要坚持什么样的对外投资方针政策？

答：近年来我国对外投资保持较快发展，取得了显著成效，为深化我国与各国互利合作、促进国内经济转型升级发挥了重要作用。

中国对外投资的方针政策和管理原则是明确的，即坚持实施新一轮高水平对外开放，坚持实施“走出去”战略，坚持企业主体、市场原则、国际惯例、政府引导，坚持实行以备案制为主的对外投资管理方式，把推进对外投资便利化和防范对外投资风险结合起来，规范市场秩序，按有关规定对一些企业对外投资项目进行核实，促进我国对外投资持续健康发展，实现互利共赢、共同发展。

2017 年 8 月，国家发展改革委、商务部、人民银行、外交部联合发布《关于进一步引导和规范境外投资方向的指导意见》（以下简称《意见》）。这一《意见》指出，当前国际国内环境正在发生深刻变化，我国企业开展境外投资既存在较好机遇，又面临诸多风险和挑战。要以供给侧结构性改革为主线，以“一带一路”建设为统领，进一步引导和规范企业境外投资方向，促进企业合理有序开展境外投资活动，防范和应对境外投资风险，推动境外投资持续健康发展，实现与投资目的国互利共赢、共同发展。

《意见》鼓励开展的境外投资包括，一是重点推进有利于“一带一路”建设和周边基础设施互联互通的基础设施境外投资；二是稳步开展带动优势产能、优质装备和技术标准输出的境外投资；三是加强与境外高新技术和先进制造业企业的投资合作；四是在审慎评估经济效益的基础上稳妥参与境外能源资源勘探和开发；五是着力扩大农业对外合作；六是有序推进服务领域境外投资。

《意见》限制开展的境外投资包括，一是赴与我国未建交、发生战乱或者我国缔结的双、多边条约或协议规定需要限制的敏感国家和地区开展境外投资；二是房地产、酒店、影城、娱乐业、体育俱乐部等境外投资；三是在境外设立无具体实业项目的股权投资基金或投资平台；四是使用不符合投资目的国技术标准要求的落后生产设备开展境外投资；五是不符合投资目的国环保、能耗、安全标准的境外投资。

《意见》禁止开展的境外投资包括，一是涉及未经国家批准的军事工业核心技术和产品输出的境外投资；二是运用我国禁止出口的技术、工艺、产品的境外投资；三是赌博业、色情业等境外投资；四是我国缔结或参加的国际条约规定禁止的境外投资；五是其他危害或可能危害国家利益和国家安全的境外投资。

《意见》要求，要实施分类指导，完善管理机制，提高服务水平，强化安全保障。各地区、各部门要切实加强组织领导和统筹协调，落实工作责任，抓紧制定出台配套政策措施，扎实推进相关工作，确保取得实效。

三、发展改革委监管政策变化

2016年12月8日，国家发展改革委办公厅发布关于调整境外收购或竞标项目信息报告报送格式的通知，对境外收购或竞标项目信息报告报送函和信息报告格式做出更加明确的规定，要求投资者至少报送包括项目名称、投资主体、投资背景、收购或竞标目标、已开展的前期工作、收购或竞标方案、下一步工作时间表等八个方面的内容。

第四节 未来政策预期走向

从长期来看，尽管国家战略层面对于获得资源、获取技术、提高开放水平的境外投资项目仍持支持态度，但与之前跨境投资“野蛮生长”的局面不同，监管层未来对于海外投资项目将在以下几个方面体现不同程度的限制：

1. 行业审核

对于房地产、酒店、影城、娱乐业、体育俱乐部等领域出现的一些非理性对外投资的倾向，以及大额非主业投资，监管部门将实行严格限制。

2. 真实性审核

为了打击虚假对外投资行为，境外投资管理部门将对海外投资项目进行真实性合规性审核，对于企业提交材料的审核更加注重“实质”内容。

3. 换汇审核

在满足真实性审核的前提下，外管部门将收回对之前购汇、付汇、本外币支出等交易事项的“放权”，也就是说，对于相当一部分投资项目的国内审批方面，不仅仅需要发展改革委和商务部的备案，对外管局的报告也或将成为不可或缺的一环。

4. 并购项目审核

发展改革委对于并购项目的审核要求进一步明确，对于项目材料的审核标准更加细致和科学。新的报告格式对需提交的附件内容做了增加，除了原来需要提交的意向性文件和决策性文件以外，还需提交经审计的财务报表和项目尽职调查报告。

5. 未来其他政策

不排除未来对于跨境投资项目金额、股东地位、股权比例等方面出台新的标准的可能性。

从以上政策出台背景和具体政策新规来看，可以发现，对于跨境投资监管的趋严具有合理性，符合目前国内外经济发展趋势。因此，可以判断以上政策是一种决策层深思熟虑的结果，并非短期的“应急性”措施。

展望未来，对于境外投资，政策层面会出台更加精细化的措施对“非理性”的大规模跨境投资进行管理。但是，可以肯定的是，对于符合真实性、合规性要求的海外投资项目，相关部门仍会继续予以支持和鼓励。由于对外开放政策以及“一带一路”的长远战略目标并未发生变化，因此，对于符合市场规律和监管规则的境外投资仍会获得政策层面的支持。

本章小结

1. 目前，国内关于境外直接投资进行监管的部门主要有发展改革委、商务部、外管局以及国资委，涉及的主要形式包括境外直接投资、内保外贷、境外放款等。与2014年之前的监管程度相比，目前对于境外直接投资的管理已经逐步放开，为境外投资企业在各类手续和程序上提供了极大便利。

2. 随着中国资本出境规模的急剧增长，非理性投资行为已有所显现。为了控制这一局面，监管当局及时出台了若干措施，并拟制定境外直接投资管理条例，监管目标逐步向“精准化监管”转变。

3. 对于国内投资企业而言，应适时停止跨境直接投资的纯粹“资本游戏”。与之相反，中国企业要想做到长远发展，需要专注主营业务，提高自身实力，真正在“一带一路”的背景中，利用全球市场、共享全球资源，不断实现企业自身价值。

第三篇

第七章

资源类跨境直接投资与政治风险——“自然资源诅咒”

第一节　海外投资保险对资源行业海外投资的风险保障

本书在第四章内容中阐述了政治风险的相关研究以及国际 ECA 关于政治风险的保险实践。政治风险的动态性和多变性在第四章中已经表现得较为明显。因此，即便对于海外投资经验丰富的中国投资者，也难以完全掌握政治风险的发生和发展态势。由于全书篇幅有限，本书难以对各个行业的海外投资风险均进行详细分析与判断。在此，本章主要选取资源行业跨境直接投资作为研究对象，对资源类跨境直接投资政治风险的发生机制和作用机理进行分析和讨论。

对于投资规模大、运营耗时长、投资环境复杂的资源类境外投资来说，政治风险更是为海外投资企业提出了巨大的挑战。根据 MIGA-EIU 的统计，相对于非资源能源类部门来说，随着项目运营周期的延长，能源部门海外投资的行业成功率更低。同时，能源资源类行业海外投资者遭受的合同违约风险也位居行业分类前列，如图 7.1 所示。

从中国海外投资保险现状来看，截至 2014 年底，就海外投资保险单一产品，中国出口信用保险公司仅油气矿产类项目承保责任余额近 200 亿美元，占全部海外投资保险业务责任余额比例约 70%。无论从每年承保项目情况或每年承保金额来看，2015 年和 2016 年，中国出口信用保险公司海外投资保险能源资源类业务规模均呈现迅速攀升态势。

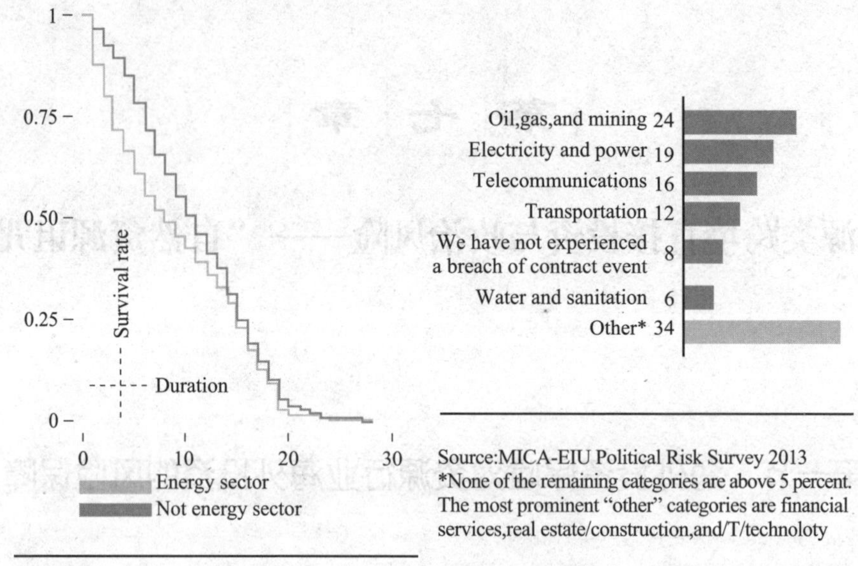

图 7.1　能源资源类行业政治风险列表

从图 7.1 中数据可见，作为规避政治风险的一种主要措施，与其他行业相对比，海外投资保险在资源类海外投资保护中发挥了更为重要的作用。相对于其他行业，资源类海外投资的政治风险似乎也更加引起投资者的重视。从理性投资企业的角度出发，尽管资源类海外投资通常表现出规模大、运营耗时长、投资环境复杂等特征，但这并不足以解释以上现象产生的原因。事实上，我们认为资源行业的一些“先天特性”决定了资源类行业投资通常伴随着较高的政治风险这一特征，海外投资保险对于资源类投资较突出的支持作用是由投资者主观能动性与资源行业的客观规律性共同推动的。在本章，我们从自然资源类投资的特性或被称为“自然资源诅咒”的角度来探讨以上结论。

2007 年，大批玻利维亚军队士兵聚集在锡熔炼炉附近，约 200 人组成的部队宣布将该熔炼炉从其原有所有者——一家欧洲矿业企业手中剥夺过来。熔炼厂雇工为了反对武装部队对其工厂的征收，在铁链门的后侧用尽全力阻止士兵的入侵。到了当天中午，玻利维亚总统 Evo Morales 到达现场，站在横幅面前宣布关于熔炼厂的国有化决定，并宣称自此该熔炼厂归为政府财产。对于投资者来说，尽管这一事件的细节看起来“耸人听闻”，但是东道国政府对于矿业财产的国有化并不是偶然现象。Ernst，Young（2011）指出，事实上，资源的国有化是目前矿业企业面临的最大风险，这一风险要远远超过资本成本和价格波动的风险。Ernst，Young（2011）宣称：由于政府从这一部门获得不仅仅是税收方面的利益，资源国有化仍然是矿业和资源类企业面临的第一大风险，资源丰富国家政策的突然变化引发的这一不确定性和价值的破坏具有强烈的不可预期性。

全球经济对于资源类产品增长的刚性需求意味着资源和能源跨国投资企业无法避免在充满挑战的环境中经营。尽管全球经济危机之后，全球总需求疲软，但是在未来几年内，来自亚洲、非洲和拉丁美洲等新兴市场国家对于矿产、能源大宗商品等的资源需求仍将持续增加。与制造业、服务业等其他部门不同，资源开采企业对于决定投资目的地具有非常有限的选择权。简言之，在资源动机下，资源开采商不得不寻求去资源丰富的国家或地区投资，即便这意味着投资企业将在充满不确定性的政治环境中运营。

例如，刚果（金）在2013年内发生了多起征收和投资者争端。在2013年世界银行营商环境报告中，刚果（金）排名位于185个国家之中的第183位。钴资源作为手机电池、笔记本电脑和电子设备中的关键组成部分，刚果（金）拥有全球全部钴资源的50%。因此，对于某些特定资源的区域分布，越来越多的企业选择在具有挑战的环境中进行海外投资项目的开发和运营。我们认为，对于政治风险保险机构和海外投资企业来说，在自然资源领域，重要的是不仅仅要意识到其所面临的风险，而且应该理解是哪些因素引发了这些风险，这对于把握风险以及未来如何采取有效的风险防范措施具有重要的意义。

第二节　“自然资源诅咒”（Natural Resource Curse）的表现

根据 IMF（2012）对于2006—2010 年的调查结果显示，全球范围内共存在 51 个资源丰富型国家，其中 29 个位于中低收入水平。这些国家的共同特征是：第一，财政收入高度依赖于资源出口行业所获得的利润；第二，资源出口所获利润占 GDP 比重越高，储蓄率越低；第三，除博茨瓦纳、马来西亚、智利三个国家外，其余国家的经济增长速度均落后于发展中国家的平均经济增速；第四，由于大宗商品的价格波动幅度较大，资源出口利润极易出现“蒸发”现象。

一般而言，经济学者将这样一种现象称为“自然资源诅咒”：它通常表现为与那些拥有较少自然资源的国家相比，自然资源禀赋丰富国家的经济表现更差。对于缺乏资本的发展中国家而言，通过出口石油、矿产等自然资源增加资本储备，从而刺激投资、促进就业，是拉动整个国家经济发展的重要途径之一。但事实上，几乎没有发展中国家能够成功地通过这一途径摆脱贫困；甚至，资源丰富型国家普遍面临着比其他发展中国家更低的经济增长率（Macartan Humphreys，2007）。尽管石油、矿产品等资源意味着大量的财富和机会，但这一前提条件并不是经济成功的保障，而缺少自然资源也并没有成为经济发展过程中一个致命的阻碍。例如，20 世纪八九十年代发展中国家的经济“明星”——亚洲四小龙，均缺少碳氢化合物资源，但是这些国家通过工业制成品的出口收入，进口了大量的资源，这主要依赖亚洲和欧洲主要贸易路线的海岸线优势。而在相同时期，许多资源丰富的国家不得不屈从于严重的经济危机。

以油气资源为例，油气资源对于经济的起飞和增长具有持续的自我实现作用在许多国家均不适用（Sachs，Warner，1995）。将其他结构要素作为控制变量，在20 世纪后期，石油资源丰富的国家增长速度明显低于石油资源匮乏的国家。在许多国家中，石油资源确实有助于提高生活水平，但是并没有导致持续的经济增长结果（值得注意的是，这一关于比较增长率的观点与宣称石油丰富的国家更加贫穷的观点具有显著不同。尽管国内收入增长率更低，但是政府采取的许多措施导致的实际福利水平确实更高）。而盛产石油的尼日利亚在过去30年间平均增长率约为1%，人均收入水平持续处于全球最贫穷国家的行列。

联合国人类发展指数能够部分解释这一结果产生的原因。人类发展指数综合了收入、健康卫生和教育等方面的信息。作为一个例外，重要的石油生产国——挪威的这一指标位居榜首，远远超过资源禀赋型的发展中国家——包括文莱、阿根廷、卡塔尔、阿拉伯、科威特和墨西哥。其中较低排名的国家是赤道几内亚、加蓬、刚果（金）、也门、尼日利亚和安哥拉。乍得排名位于177个国家中的第173名。石油对于福利提高的效应在一个国家内部通常也表现出不同特征，即当资源丰富的国家经济表现较好的时候，也会表现出较大的不平等性：通常结果是“富裕的国家与贫穷的人民”并存。委内瑞拉属于拉丁美洲资源最丰富的国家，而2/3的人口处于贫困之中，国家资源财富的成果都集中于少数阶层的手中。2016年5月，委内瑞拉总统马杜罗宣布，继续延长经济紧急状态60天，同时进一步扩展经济紧急状态的适用范围。对内高通胀、对外急剧贬值的梦魇时刻笼罩着这一石油储量大国。

在多数国家尤其是发展中国家，自然资源对于经济和政治产生的负面效应为发展中国家政府和国家关系带来了一系列困难。许多研究文献解释了自然资源对于经济和政治发展的负面效应，也即“自然资源诅咒”的表现形式。在这里，我们列举了关于自然资源财富和经济政治成果之间关系的实证和理论文献。这类文献包括自然资源与下面三种国家现象之间的关系：（1）经济发展的低水平；（2）集权政治体制；（3）政治暴力。

首先，不断增加的关于自然资源禀赋与经济发展低水平之间的共识已经产生了大量的学术成果，并已经贯穿了公共政策领域的争论。其中一种典型的机制是“荷兰病”，这在本章以下部分中会进行详细阐述。这一现象与荷兰天然气资源的激增导致的去工业化结果有关：丰富的自然资源导致了本国货币实际汇率的升值，使出口商不得不由于竞争力降低而退出经营。自然资源也会产生其他经济后果，如阻碍经济多样化的发展、降低对于技术性劳动力的需求、并对女性工作机会产生负面影响。宏观跨国实证回归也显示出自然资源禀赋与 GDP 增长率之间的负相关关系（Sachs，Warner，1995，1999）。

其次，文献侧重于自然资源禀赋对政治民主的影响。最近大量的实证研究已经将自然资源禀赋看作巩固民主领导人的工具，然而跨国数据的实证分析也将自然资源财富与集权政治制度持续时间以及民主政府的垮台联系起来。这些结论并没有表现出一致：Alexeev，Conard（2008）认为学者已经夸大了自然资源对于经济增长和政治制度的影响；资源依赖型国家通常被看作具有有限的政治自由度，管理制度通常是非民主体制，倾向于存在更多的腐败（Sa-i-Martin，Subramanian，2003）、在边界内更容易发生国内战争（Humphreys，2005）；Dunning（2008）利用理论模型和市场研究相结合的方法，检验了自然资源与集权制度之间的联系。Dunning 发现，在一些条件下，自然资源威胁到民主制度的持续，而在其他条件下支持了民主制度的巩固和存活。

最后，自然资源禀赋能够与政治暴力相联系。自然资源资产会引起由于分配问题导致的暴力斗争，由于暴力掠夺，这些暴力事件概率将会增大。大部分研究已经发现了资源依赖与政治暴力之间显著的正向关系（Berdal，Malone，2000；Collier，Hoeffler，2000，2003；Fearon，Laitin，2003）：Humphreys（2005）的实证检验发现自然资源会增加国内冲突的可能性，但是通过一方完全的武装胜利能够缩短政治暴力的持续期；Ross（2006）发现，尽管在不同资源类型和地理位置方面存在差异，资源租金能够影响国内冲突的产生和持续期；利用自然资源租金数据，de Soysa，Neumayer（2007）发现矿业租金几乎不影响国内冲突，然而能源租金却增加了爆发国内战争的可能性。

第三节　“自然资源诅咒”对于资源国投资环境的影响

以上关于自然资源、经济增长、集权制度以及政治暴力之间的关系最可能引发资源丰富国家内部投资环境的恶化。

自然资源部门与政治风险之间联系的机制实际上是高水平的自然资源依存度与集权体制的关系。研究政治风险的学者已经检验了民主制度对于投资环境的影响。例如，民主制度与高水平的直接资本流动（Jensen，2003，2006）和更少的征收行为（Li，2009）相关。最近的学者已经超越了民主—专政的二元分析。Henisz（2000，2002）采用了一种政治约束的方式，考虑了参与者的数量以及这些参与者的意识形态距离。尽管民主制度与政治约束高度相关，非约束的民主制度与高度约束的集权制度也可能具有相关性。Jensen（2008）认为对于政府部门的约束是与民主制度和低水平政治风险相关的主要因素。

尽管如此，民主制度对于投资环境也可能会产生负面的影响。Li，Resnick（2003）认为在控制法律规则之后，民主制度降低了国外直接投资的流入，其中一个主要的作用机制是民主制度国家的反托拉斯（anti-trust）法律可能会不利于垄断型的跨国公司。同时，由于选举会导致时间不一致偏好，民主制度可能会导致不稳定的政策（Rodrik，1991；Pattillo，1996）或是在位者颁布的政策可能会被未来政府所终止（Persson，Svensson，1989；Alesina，Tabellini，1990）。民主制度也可能会限制企业利用其垄断地位的优势或影响税收优惠（Li，2006）。最后，集权制制度也会保护跨国公司免遭公众压力，并保护企业的利益（Huntington，1968；Bornschier，Chase-Dunn，1985；Oneal，1994）。这些研究意味着对于投资者来说，民主制度并不总是优于集权制度。

以上说明了联系自然资源与风险环境的一个机制是资源如何影响民主程度，以及民主制如何影响投资环境，尽管这一机制仍然是值得争论并且是间接发挥作用。另一种机制是自然资源与政治暴力之间的关系。与自然资源相关的政治暴力也可能影响跨国投资。Nigh（1985），Enders，Sander（1996），Li（2006），Jakobsen，de Soysa（2006），Blomberg，Mody（2007），Jensen，Young（2008）均发现政治暴力对于国外投资者会产生负面作用。

最后，除了以上两种机制，政府通过自然资源部门获得的租金能够扭曲当权政治家的动机，进一步导致阻碍未来外国投资的行为。特别是高水平的自然资源禀赋会降低政治家履行与私人投资者之间已签合同的动机，这导致了更高水平的政治违约风险。外国投资者与国内政府之间的策略性博弈意味着随着资源租金的上升，政府动机也会随之变化。

第四节 “自然资源诅咒”的来源

关于“自然资源诅咒”来源的文献历来是经济学家感兴趣的话题之一。在半个世纪以来，经济学家并没有停止对这一现象的研究和讨论。在2016年经济展望期刊上，Anthony Venables（2016）再一次对该课题进行探讨，其研究对象主要是中低收入水平的资源丰富型国家。他认为，资源利用的前提条件是资源的勘探及开采；在发展中国家，往往只有外资企业有足够的技术能力及资本进行这类活动。然而，作者指出外资企业对发展中国家的资源开采进行投资面临着以下困难：其一，在营业执照的发放过程中存在腐败现象，因而外资企业处于劣势；其二，投资者对于当地经济社会环境较为陌生，这滋长了盗窃资源的现象，如在尼日利亚，每年有10%~15%的原油被偷走；其三，资源开采是一个长期过程，期间若当地政府领导人换届，可能导致税收政策改变甚至出现毁约，投资者的权益难以保障。投资者与资源出口国之间的关系，极大影响了资源开采效率。

为了解决这一问题，一些发展中国家采取了“资源民族主义”（Resource Nationalism）政策，全面控制资源开采权。但是，由于东道国的国有企业运行效率低下，资源国有化并不能改善该国资源开采所面临的困境。尽管如此，即便东道国不能进行有效的资源开采，大部分国家依然能够通过出口资源获得可观的利润。与资源开采相伴随的即是资源利用的下一阶段——资源所获得利润的分配和管理，也是资源丰富型国家所面临的挑战之一。根据平滑消费理论，经过贴现后，消费者通过消费获得的各期消费效用应当是相同的；然而资源丰富型国家的低储蓄率，意味着大部分出口资源所获的利润被用于当期消费。出现这一现象的主要原因是这一类国家的弱国家管理能力，由于东道国政府管理无效，通过资源部门获得的利润越大，各级政府投资“面子工程”的比例越高；最终结果是，大幅增加的政府支出对提高社会运行效率、改善人民生活水平效果甚微。除此之外，在弱国家管理能力下，高额的财政收入往往伴随着政治庇护现象以及严重的政治腐败。

截至目前，许多学者已经对“自然资源诅咒”的现象做出了极为有利的探索尝试。在本节中，为了理解“自然资源诅咒”悖论，我们需要首先了解自然资源财富与其他类型财富的差异：

第一，与其他类型财富的实现过程不同。由于自然资源财富不需要通过生产加工而获得，它仅仅需要被开采（尽管开采过程也需要大量的资本、技术及人力的支持）。由于不涉及生产过程，自然资源财富的产生能够独立于一个国家的其他经济部门，也就是说，自然资源属于一个国家经济领域“独立的领土”（Hirschman，1958；Seers，1964）。例如，自然资源的开采能够与其他工业部门不发生任何联系，甚至可以不包括国内劳动力的参与。同时，自然资源的生产也能够与国内政治过程相独立。如政府能够通过对投资者的行政命令或维持对于其他国家政治机构的控制获得自然资源财富。

第二，许多自然资源包括油气、矿产资源等都是不可再生的。从经济角度来看，相对于资源收入来说，它们更倾向于被看作长期被消费但是最终将被消耗完的“一块蛋糕”。

自然资源财富的以上两个显著特点将产生诸多对经济和政治环境具有负面作用的问题。根据以上论述，本章将从多个角度来解释“自然资源诅咒”的产生原因。

一、非均衡的专业化水平

在现实中，非均衡的专业水平这一难题甚至在资源财富流入本国之前就已经产生。事实上，资源所属国政府在与跨国公司进行交易时面临着极大的挑战。通常情况下，这些跨国公司在特定的资源部门方面具有显著的专业技术优势。由于资源开采是资本化、技术密集型的产业，对于许多国家而言，油气等资源的开采需要私人部门的参与与合作，尤其是在这一领域具有专业技术的国际跨国公司。在油气开发的许多案例中，可能会产生这一现象：国际石油公司比本国政府掌握更多关于石油价值的信息。在这种情况下，企业在与政府的谈判中处于有利位置。因此，东道国政府面临的挑战是非均衡的技术水平导致的谈判弱势以及由信息不对称造成的交易的有失公平。

二、“荷兰病”

当东道国政府获得资源收入后，又会产生新的问题。在历史上，一个被广为讨论但是令人出乎意外的现象是，荷兰北海天然气资源的发现使荷兰制造业部门进入了严重的衰退。此后，经历这一相似演进过程的经济体即被称为感染“荷兰病”。这一病态经济演进模式是显而易见的：一国自然资源出口价值的突然上升能够引起实际汇率的升值，使非自然资源商品的出口变得更加困难，也使其与进口品的竞争几乎变得不可能（通常被称为“支出效应”）。国内来自自然资源出口获得的外汇收入同时被用来购买国际贸易品，而这一趋势却间接影响了国内商品制造商的利益。同时，国内生产要素—如劳动力或生产资料的供给被转移到自然资源部门（被称为“自然资源驱动效应”），因此，国内市场价格上升，提高了国内其他部门的生产成本。

在这种情况下，国内产业部门只有其中的两个部门受益：即自然资源部门以及非贸易品部门，如工业建设部门和制造业。传统的出口部门——制造业、农业通常会受到损害。这一经济演进过程非常广泛，已经在澳大利亚的黄金产业、哥伦比亚咖啡产业的繁荣时期得到验证。

全球范围内，这一转变会通过若干个渠道对经济产生负面影响。对于一个经济体而言，经济结构的任何转变都是需要成本的，劳动力需要被约束并寻找新的工作机会，资本需要被调整寻找新的目的地。除了以上方面，“荷兰病”引起的特定转变还会引发其他的负面结果。如果制造业部门是经济增长的长期来源，如通过新技术的产生或人力资本的提高导致的经济增长，那么这一部门的衰退将会对经济造成负面影响（Sachs，Warner，2001）。另一个渠道是通过收入分配。如果诸如农业或制造业等出口部门的收入相对于自然资源部门能够被更加平均地分配，那么部门间的转移能够导致不公平程度的提升。总之，在任何情况下，“荷兰病”都会带来一系列弊端，当自然资源部门经济活动衰退时，那些依赖于自然资源部门收入的其他部门将面临巨大的复苏困难。

三、资源价格和收入的波动性

“荷兰病”现象产生于获得资源收入的多少，而另一些问题产生于获得资源收入的时机。来源石油和天然气开发的收入如果被看作一种收入来源，那么这种收入是非常不稳定的。此种收入的不稳定性主要来源于以下三点：长期内有效开采率的变化、由企业支付给政府租金的时间不确定、油气或其他资源价值的波动性。

高度不确定的收入来源对一国政府和居民来说会带来一系列的弊端，最明显的是由于未来财政融资的不确定性，这使政府长期规划变得非常困难。当波动性与不确定性密切相关的时候，由于资本市场的不完善，进行国际借贷的可能性较小，收入的波动性将转化为支出的不确定性，这有可能导致高支出水平之后严重的支出缩减。因此，长此以往，将引致发生繁荣—衰退的经济周期。通常情况下，资源禀赋丰富国家在繁荣期间的收益是暂时的，而在衰退期间产生的问题却会持续相当长的时间。

此外，经济波动程度可能会通过国际借贷得到增强。当经济处于繁荣时期（价格和产出较高），一国从国外获得国际借款，由于乘数作用，经济繁荣在国际市场间得到传播与扩大。但是，当价格下降的时候，借款国需要按时还款，借款国支出被迫降低，这时衰退程度也会不断加深。最著名的例子是20世纪70年代的石油价格上升，当时多家石油公司通过繁荣期间获得的石油收入抵押期货，但是，到了20世纪80年代初石油价格降低时，大多数国家不得不以石油危机收尾。墨西哥、尼日利亚和委内瑞拉是典型的与石油债务相关的繁荣和衰退国家。大部分贫穷国家在国际借款中会受到上限限额的约束，并且可能不能及时获得经济增长所需基础设施建设所需的融资。石油能够作为一个正式的抵押品或至少是非正式的担保措施（由于石油收入比较容易确认，因此可以直接用来为国家债务服务）。因此，与石油等资源收入相关的经济周期的波动能够解释上述“荷兰病”现象发生的原因。

总体来看，石油等资源产业的繁荣，无论是高价格还是高产量，不仅意味着较高的现金流，而且意味着能够获得更多的国际贷款。如果基础设施投资是高经济发展的前提条件，那么通过未来的石油收入作为担保进行借款是合理的。但是，以上的假设仅仅在理想条件下成立。尽管如此，在现实中，大量的国际资金资源已经被政府和官僚所浪费，进而导致国内的国际资本流入面临恐慌和急剧逆转，从而通常使借款国陷入严重的债务危机。

四、依赖性的资本

一旦政府开始消费资源收入，又会有新的问题接踵而至。由于石油和天然气等资源是不可再生的，任何来源资源销售的消费都应该被看作对资本的消费而非对收入的消费。如果所有的收入在同一时间被消耗，那么整个国家资本价值会急剧下降。忽略开采成本，最优化策略包括将大部分自然资源储量转化为金融财产、多样化投资以及将金融资产的利息看作收入。考虑到开采成本，Hotelling（2002）的分析为最佳的开采时机提供了一个分析框架：如可以将地下石油转化为黄金、建筑物、美元或其他财产，以及通过在期货市场上卖出资源权利，能够部分抵销与自然资源相关的收入波动性。尽管如此，政府将有风险的自然资源财产转化为金融资产而付出的隐性成本是相对较高的。因此，通常情况下，政府很少被建议采取此类的措施。

但是，在实践中，收入方和支出方是往往联系得较为紧密。国家政府意识到由于自然资源的开采来源带来其收入上升的巨大潜力，那么政府就有动力去消费。一些国际咨询机构提出，自然资源开采后，国家并没有变得更加富裕，只是改变了国内资产的消费结构。获得自然资源形式的资本存量意味着产生目前或未来支出的动机。这一动机来源很多方面：如执政能力或任期不确定的政治家具有支出的动机，而不是将机会留给未来的政治反对者。同时，如果政府首脑决策的政府支出能够使其在位执政时间延长，那么政府投资动机也会越大；其他动机可能来源公众需要其自身福利快速且显著的提高，或是来源换取政治支持。

一些观点认为，当经济低于其潜在发展水平时，资源的利用（甚至是以依赖未来资源的借款）规模的缩减或采取一些其他措施都将会对国民收入产生较大的影响，此时 IMF 的预算控制原则并不适用。当一国政府拥有包含国内资源和大量石油收入等经济性较好的项目时，更加困难的情况会随之出现：即政府利用石油收入来支付国内资源的转移变得更为具有诱惑性。但是，除非与其他政策共同使用，这类政策可能会产生本国货币升值、减少国内工作机会，由此导致的净收益可能是负的。另外，利用外汇来投资国内项目需要合适的项目，并且需要足够的国内税收收入来为国内的支出部分融资。在许多情况下，短期内高水平的投资可能是最优的，但是超过最优水平的支出仍然面临巨大的压力。

五、教育行业的投资匮乏

一般情况下，与一国过度消费相伴随的是投资的不足。研究表明，资源禀赋丰富国的教育行业的投资尤其会受到影响（Gylfason，2001）。当政府开始依赖于自然资源财富时，总是会忽视这样一种情况：一旦本国的自然资源枯竭，就需要培养其他部门所需的技术型劳动力。但是，现实中往往政府花费在教育方面的支出份额下降，学校招生名额和女性受教育时间也下降。由于资本密集型活动占据了国民生产的大部分份额，因此，这些效应在短期内可能不会被明显感受到，然而在长期内一旦经济开始多元化，这些负面效应将变得更加显著。

当一国的财富创造依赖于制造业或其他部门生产活动的投资时，人力资本投资将是财富创造的一个重要组成部分。但是，当一国财富来源自然资源禀赋时，看起来这些投资对于实现目前的收入就不是必需的。此时，政府集中于财富的创造，对于人力资本的投资并不会给予足够的重视。

六、政治掠夺

对于国外投资项目的大股东而言，自然资源投资最明显的政治风险是东道国政府官员高水平的腐败。大量金融资产的短期可获得性增加了政治掠夺的机会，控制这些资产的官员或领导人能够通过立法或武装运动利用这些财富延长其在位或掌权时间。一些现实经验显示，政府官员的腐败是石油等资源类产业本身的特征之一，同时，资源依赖也能够间接影响腐败。正如我们以下讨论的那样，石油和天然气资源的新发现会产生弱势的国家机构或机关，这使腐败行为对于政府官员来说变得更加“方便”。如果油气等资源部门与行政权力集中机构相关联，那么这一风险将被放大。

Leite，Weidmann（1999）尝试解释不同国家的不同程度的腐败现象，研究发现，自然资源依赖程度是一个较为有利的预测标准。腐败通常可以采取多种形式。那些以最大化利润为目标的国际矿业和石油公司发现他们能够通过贿赂政府官员，以低于市场价值的成本获得资源开采权。在另外的情况下，自然资源以较低的价值卖给国内企业，政府官员同样从中或得到回扣或得到股权收益。

因此，由于资源禀赋丰富国家中的政治腐败风险较高，对于国民经济整体而言，腐败将产生巨大的成本，进而导致国家资源和财富的流失。

七、弱势、责任感缺失的政府机构

从表面上看，通常会做出如下预测，即资源收入能够使一个国家变得更加强大，并且找到充分的原因解释这一点。但是事实却恰恰相反：自然资源使资源国本身变得更加贫困和落后。原因在于，政府能够从石油和天然气的销售中获得大量的收入，因此，对于公民税收支持的依赖性更小。免于被征税的国内公民对于政府行为的信息了解得更少，对政府的公共需求也更少，结果导致民众对于政府政策和制度较低的参与度与关注度。依赖于资源带来的外部收入，政府不需要通过完善国家机构来提高收入（Fearon,Laitin，2003）。同时，由于收入在很大程度上独立于经济运行情况，因此，政府具有较少的动机从事支持经济发展的活动。但是，这一经济结构是毫无稳健性可言的，并且公众遭受的压迫力很容易被转变为对抗政府的势力。即使依赖资源收入这一策略是成功的，它也仅仅表现在维护现任政府统治这一方面，而不会产生对于国家经济发展有利的生产潜力。

八、对于民主的威胁

政治效应的负面影响也将对资源国的政治体制本身产生影响。自然资源丰富的国家，尤其是油气资源丰富的国家，不太可能具有民主程度较高的政治体制。这一关系已经被多国的样本数据所证明：在特定的时期内，石油等自然资源的发现会对民主制度产生影响（Tsui，2005）。事实上，一旦获得资源财富，就可以使政治领导者通过选举来避免自身对于政治权利的放弃，这一现象即便在资本主义国家也经常发生。Goldberg，Wibbels，Mvukiyehe（2005）的研究检验了1929—2002年石油和煤炭生产与地方官员换届之间的关系，发现对资源依赖程度一个百分点的增长将导致官员选举获胜概率1.5个百分点的增长。

资源和能源依赖型国家至少存在以下三个特征，揭示自然资源依赖与弱民主化之间的关系（Ross，2001）：首先，像我们看到的那样，由于能够从资源中获得收入，政府不必将政治权利转换为征税的权利；其次，政治家更愿意通过资源收益换取国内政治的高压环境；最后，这些国家的政治体制不太可能经历工业化国家对于民主化进程转变的过程。

九、产业地区的不满情绪

自然资源的生产可能会导致不同形式的政治动荡，尤其是在自然资源富藏地区。能源的开采和开发过程本身会导致当地居民的被迫迁徙以及新的移民迁入，这一过程通常会伴随着巨大的人口压力和自然环境压力。此外，由于当地原住民众意识到资源财富逐渐流出所在地区，不满情绪可能会随时爆发。这一现象在安哥拉、乍得等多个石油开采地区已经得到充分体现。

十、对于政府的军事挑战

在多数案例中，“自然资源诅咒”通常会以国内战争作为终结。从统计数据上来看，国内战争更可能发生在资源丰富的国家：如安哥拉、哥伦比亚和苏丹等石油储藏丰富的国家在边境沿线已经经历了数十年的战争。产生这一结果的原因有很多：如果政治领袖积累的资源财产是基于维持对于国家控制的事实，那么这一事实就会增加非政府主体试图夺取政权的动机，通过使用暴力手段使所在的非政府主体从资源财富中获益（Collier，Hoeffler，2000；Fearon，Laitin，2003）。这导致了在这些国家内部分裂主义的盛行，而资源开采和生产地区的不满情绪加重了这一分离，极端情况下可能会直接推翻中央政府，如刚果（金）的政局动荡（Engelbert，Ron，2004）。

像以上描述的那样，如果资源丰富国家具有更弱的管理能力并缺少完善的立法秩序，那么这一分裂动机将不断被加强。由于这些能源导致的国内和国际利益冲突，国外参与者—投资母国或投资企业可能对于支持反中央政府势力发生兴趣，并期望与新的政权建立特殊的联系。在传统殖民主义和国家资本主义时期，外国政权经常对资源产出国政治和军事做出干涉或干预，进而保持对于其自然资源和由此产生收入的控制。

本章小结

本章以能源资源行业为例，从“自然资源诅咒”的角度，阐述了资源类对外直接投资与政治风险之间的关系，研究了政治风险如何对资源类海外投资产生影响的作用机理，得到如下结论：

1. 作为规避政治风险的一种主要措施，与其他行业相对比，海外投资保险在资源类海外投资保护中发挥了更加重要的作用。事实上，我们认为资源行业的一些“先天特性”决定了资源类行业投资通常伴随着较高的政治风险这一特征，海外投资保险对于资源类投资较突出的支持作用是由投资者主观能动性与资源行业的客观规律性共同推动的。

2. 一般而言，与预期相反，多数自然资源丰富的国家通常伴随着低水平的经济发展、民主程度低的政治体制与频率较高的政治暴力，健康、卫生、教育、平等等条件指数排名居于全球底层序列。因此，无论是从投资企业角度还是保险机构角度而言，自然资源丰富国家的政治风险普遍较高。经济学者将这样一种现象称为“自然资源诅咒”：它通常表现为与那些拥有较少自然资源的国家相比，自然资源禀赋丰富国家的表现更差。

3. 自然资源部门与政治风险之间联系的机制主要包括以下三方面：一是民主制度国家的“反托拉斯”（anti-trust）法律可能会不利于垄断型的跨国公司；二是自然资源与政治暴力之间的关系，即与自然资源相关的政治暴力可能影响跨国投资；三是政府通过自然资源部门获得的租金能够扭曲当权政治家的动机，进一步导致阻碍未来外国投资的行为。

4. 自然资源类财富与其他财富的区别主要表现为：第一，与其他财富的实现过程不同，自然资源财富不需要被生产，它仅仅需要被开采。自然资源的生产与国内政治过程相独立；第二，多数自然资源包括油气、矿产资源等都是不可再生的。相对于资源收入来说，它们更倾向于被看作长期被消费但是最终将被消耗完的“一块蛋糕”。

5. 在本章中，我们从不均衡的专业化水平、“荷兰病”现象、资源价格和收入的波动性、具有依赖性的资本、教育行业的投资匮乏、政治掠夺、弱势的政府、对于民主的威胁、产业地区的不满情绪等多方面的作用，解释了以上现象发生的原因。事实证明，自然资源部门的高政治风险是国内与国际、政府与企业、经济与政治多元因素之间相互作用的结果。

6. 毫无疑问，“自然资源诅咒”通常意味着较差的投资环境。相对其他未被“诅咒”的行业或部门来说，资源类海外投资面临的挑战是更加严峻的，因此，风险规避措施对于资源行业的境外投资企业发挥着尤为重要的作用。这也解释了本章开头部分阐明的资源行业内的海外投资保险受到特别重视的原因。对于中国企业未来资源行业的投资，也应该在投资前充分考虑以上“自然资源诅咒”造成的高风险因素，采取必要的风险防范措施。

第八章

征收和合同违约风险的分析框架和影响因素

第一节　政府违约（行为）的频发性

在本书第四章中，从海外投资保险承保机构的角度来看，可保政治风险主要类型包括战争风险、征收风险、汇兑限制及违约风险等类型。在战争风险、征收风险、汇兑限制及违约风险四类承保风险之中，由于战争风险的发生具有极大的随机性和不可预期性，并且考虑到战争风险诱因的涉及因素范围较广，通常而言，对于战争风险的分析框架一般来讲更加复杂和宏观。对于汇兑限制风险来说，汇兑限制风险直接受到一国国际收支、货币制度、汇率制度、经济危机因素等的影响，分析框架更偏向于金融和货币经济学，与政府行为的关系似乎更加疏离。

因此，基于以上的原因考虑，本书将分析重点和焦点放在征收风险和违约风险方面。两者的发生虽然与国际、国内政治经济环境密切相关。但是，从最终结果来看，相较其他因素，在发生征收或政府违约的过程中，东道国政府的主观意愿体现得较为明显。因此，在这一章的内容中，我们主要对征收风险与政府违约风险进行分析，进一步为后续关于政治风险保险如何发挥作用的研究奠定基础。

在 MIGA-EIU（2013）的调查报告中发现，如图 8.1 所示，在所列的八种政治风险中，监管政策的负面变化和合同违约对于发展中经济体海外直接投资产生的影响范围最大。排除掉国内暴乱风险和汇兑限制风险，狭义的征收风险也位于主要政治风险之列。以上三种风险均体现了东道国政府行为的主观性和主动性，因此，在某种意义上，我们可以把以上三种风险统称为“政府违约（行为）①”。

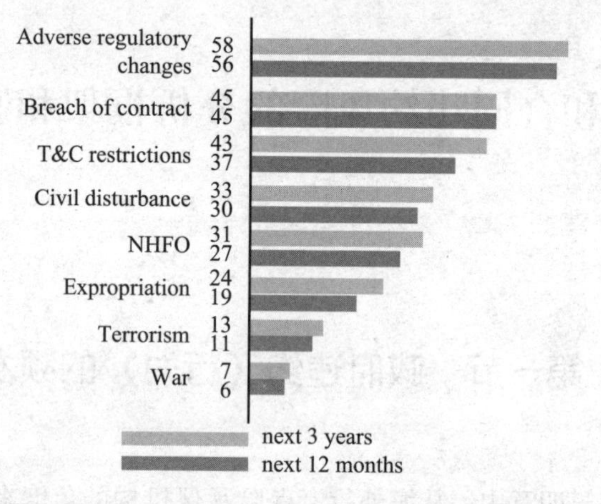

图 8.1　海外投资者最为担忧的政治风险排名情况

在本章中，笔者仍选择能源资源类行业作为研究和分析对象。原因在于，监管政策的负面变化、合同违约以及征收风险对于资源行业对外投资的打击是尤其致命的，此领域内的政府违约风险也一直是各界关注的焦点。在全球范围内，资源国有化等现象仍然继续凸显，资源依赖型国家政府试图从资源中获得更多收益的努力从未间断。无论东道国政府采取何种方式进行征收或合同违约，理解这一行为的关键点在于要理性看待东道国政府和投资企业之间冲突模式的复杂性。从伴随着制度变化的大规模、国家范围内的征收，如伊朗国王的下台以及古巴的国有化到以特定部门或企业为目标的征收，政府选择性地实行法律或法规来获得企业资产或现金流，在一这过程中无不体现着东道国政府与国外投资企业两者之间的决策博弈。

① 与合同违约不同，政府违约主要是政府对其政策或承诺做出了拒绝履行的行为，包含了针对特定合同违约的情况，“政府”在此处也仅仅起到代表性主体的作用。

在本章内容，笔者首先通过以下关于资源类对外直接投资的三个主要事实来讨论政府违约行为的分析框架和范式。在此基础上，我们将继续探讨发生征收风险和合同违约风险的影响因素，从而为政府违约行为的发生时机提供预测性理论依据。

第二节　关于政府违约行为的三个基本事实的阐述

为了更好地了解海外投资保险对于跨境直接投资的风险保障作用，在以下部分，我们将首先阐述海外投资保险可保风险的分析框架。“魔鬼存在于细节中”，通过对可保风险分析框架的探讨，我们可以更加便利地帮助读者了解海外投资保险在跨境投资项目中的每个细枝末节处所发挥的作用。主要事实如下：

一、发展中国家更倾向于对大宗资源类的投资做出违约行为

从全球范围内的产出份额来看，相对于发展中国家的产出重要性而言，其对大宗资源类部门的违约比例更高。Hajzler（2010）利用数据检验了1960—2006年政府违约行为的部门模式，发现，相对于发展中国家产出占全球产出的份额比例（约为22%），发展中国家对大宗资源商品外国投资项目的违约比例较高（约为40%），并且这些行为大部分发生在矿产行业和油气行业。此外，这一政府违约行为在部门间的分配比例在长时间内维持了相对稳定的态势。利用其他指标度量的政府违约，如投资企业受到损害的资产价值，同样也给出了相似的结果（Kobrin，1984）。

由于自然资源产业在国家经济中所处的战略地位、对于技术和工业结构的深远影响以及对于东道国财政收入的突出贡献率。这些因素同时也决定了在一国经济结构中，资源部门相对于制造业、服务业等部门具有极大的脆弱性。与资源部门在投资和产出中的相对重要性对比，外国投资在矿

业和油气部门中比其他部门受到政府影响或损害的事件发生更为频繁。这一结果已经得到多位学者通过检验行业因素影响资源部门违约可能性的验证：这些因素包括资源行业普遍存在的沉没成本以及矿产、油气等资源价格的波动性（Nellor，1987；Monaldi，2001；Engel，Fischer，2010），在不同阶段项目收益的不确定性（Kobrin，1980），以及与国内经济安全和战略性政治目标相关的一系列问题（Kobrin，1980；Shafer，2009）。

二、当资源行业处于繁荣时期，这一行业发生政府违约的概率较大

在大宗商品周期处于繁荣时期，自然资源丰富的投资东道国倾向于征收这些部门国外投资者的资产。因此，政府违约行为大部分发生在资源价格长期处于其平均价格以上的时期。在资源价格高涨时，由于东道国政府预期未来资源价格会有所降低，为了获得更多收益，政府征收动机会增大。对于政府来说，相对于当下采取征收行为所获得的收益而言，投资者通过降低未来投资流入方面所造成的任何惩罚都具有较低的成本。此外，部分民主国家的短视性也导致了与未来投资和消费相对应的较高贴现率。除了以上考虑因素，当资源部门投资企业获得较高的项目收益时，当地政府迫于民众收入再分配的压力不得不做出修改现有监管政策或直接做出违约的行为。

因此，通常会观察到，在整个经济周期中资源商品价格处于高位的时期，国外的投资者会获得比预期中更少的收益；反之，当价格处于低谷时期，东道国政府为了吸引境外投资，国外投资者反而被提供给较为有利的交易条件。Hogan，Sturzenegger，Tai（2010），Engle，Fischer（2010）和Guriev，Kolotilin，Sonin（2009）考察了政府违约风险的资源类投资合同，他们也注意到，在历史上，当资源价格处于较高的时期，由于征收或其他违约行为，国外投资者在这一部门获得的收益倾向于低于原始合同中的最初规定；然而当资源价格较低时，国外投资者却得到了有利的优惠。Guriev，Kolotilin，Sonin（2009）同时认为，控制资源产品价格和国家政治

制度质量两个变量时，政府采取征收等的违约行为是内生决定的。

Engel，Fischer（2010）发现，对于具有大额沉没成本的产业，对固定支付期限的偏离可能是对东道国政府可能采取的征收风险做出的最优反应。Engel，Fischer（2010）也进一步集中分析了对于投资者更加有利的合同条款设置方式，并检验了国家风险以及征收和投资部门流向模式之间的关系。Chang，Hevia，Loayza（2010）研究了动态不一致合同背景下，对资源类海外投资项目的征收。在他们的模型中，东道国政府在国外投资和产业部门的完全公有之间做出选择：当资源产出价格变化时，就出现了国外投资和对其国有化之间的内生周期。他们的分析强调了私有制、无法估测的人力资本、收入不平等现象以及政府重新分配收益几者之间的联系。

在这一方面，许多国家的违约案例已经给出了证明：委内瑞拉、厄瓜多尔和玻利维亚在资源价格高涨时期均选择对国外投资者进行征收或国有化，而秘鲁对投资企业施加了价值约为7.57亿美元的“资源贡献税”税收政策，在资源价格上涨以前，智利同样对国外投资企业实施了小额税收。即便是发达国家，对企业额外利润进行各种形式的征收行为也时有发生：如美国在1973年之后实施了石油额外利润税，澳大利亚、加拿大和英国在自然资源部门的利润上升之后同样提高了该产业部门的税率。

综上所述，资源禀赋丰富的国家会通过实施有利政策刺激和吸引国外投资，但是当价格上升并且预计国外投资者收入超出预期时，东道国政府经常选择改变最初的合同或协议条款，影响或征收投资项目以获得额外收益。对于国际投资者来说，试图在地方法庭或国际仲裁庭维持原始合同条款的抗辩做法通常需要花费大量的时间、人力和物力成本。但是，对于东道国政府来说，当资源部门处于繁荣时期，相对于可能承受的声誉成本，政府通过合同违约获得的收益将是巨大的。因此，在大多数情况下，私人投资者不得不对东道国政府的不合理行为做出妥协。

三、尽管资源依赖型国家风险较高，但是国外直接投资的流入并未受到明显影响

平均来说，对于单一国家而言，国内不同部门间的国外投资份额差异较小，但是在高风险国家中，资源行业国外投资所占外商直接投资比例往往更高。传统观点认为，常规情况下，被认为或确定是高风险的国家，如在该国某一部门内发生过重复征收或政府违约事件，从长期来看，这类国家的国外投资被认为是极度不安全的。依据这一逻辑进行推导，凡是发生过重大征收或违约事件国家的国外资本流入应该在一段时期内急剧减少，但是理论和现实数据并未证实以上推论。

尽管如此，对于外国投资者继续在高风险国家的矿业或油气开采部门进行投资的意愿这一现象并没有得到广泛关注。具体来看，一些国家尽管在历史上对油气和矿业部门存在国有化或征收浪潮，却仍然能够在这些部门吸引大量的国外资本。如在玻利维亚、厄瓜多尔、俄罗斯以及委内瑞拉等国家，矿业和石油行业的大量投资正在被征收，并且这些国家的该类行业在历史上已经发生过数次政府违约事件。因此，矿业等资源部门的持续性外国投资和政府违约之间两者的重复性循环已经得到广泛证明。

例如，玻利维亚政府在1937年征收了标准石油公司，之后继续进行了矿业部门的国有化。1964年，玻利维亚总统开始再次宣布私有化矿业部门，对于海外石油公司给予特许权，但是在军事武装之后，这些特许权再次被政府征收。之后，在经历另外一次成功的再次私有以及大量的资源类海外投资流入后，玻利维亚政府开始再次征收其国外资源类投资。同样，委内瑞拉时任总统查韦斯在1976年国有化国内石油企业，将大型石油公司都置于国有控制之下。在1992年至1997年的委内瑞拉私有化过程中，国外投资企业的许多开采和开发合同的税率降到收入的1%，但不久之后，埃克森美孚以及其他国外企业的资产就被委内瑞拉政府剥夺。此外，政府的征收通常也伴随着政府对于外国投资企业所获利润全部或部分的掠夺。尽管从表面上来看，外国投资者或是东道国政府无法简单地从历史中获得经验，我们认为国外投资的循环和东道国政府对资源行业的征收与前视行

为在一定程度上是保持一致的。

高风险国家中存在相对较高的资源类投资份额这一事实同样在 Hajzler（2010）的检验中得到了证实：Hajzler 对比了在 1993—2006 年在发生过违约行为的国家与未发生过违约行为的国家之间的资源类国外投资份额，结果发现，未发生过违约行为的国家其资源类国外投资份额占总投资比例为 16%，但是在发生过违约行为的国家，这一比例高达 35%。利用美国跨国公司对外投资的数据，可以发现，选取石油和矿业投资占总投资份额的数据进行对比，两类国家之间的差别是更加显著的。此外，Hajzler 也注意到这一证据并不局限于矿业和油气部门，对其他行业也存在一定的适用性。

那么，是哪些因素促使这些高风险国家对于资源类的国外投资仍然具有广泛的吸引力？关于此，另一个有意思的结论是对于资源行业的国外投资而言，跨国公司需要支付的资源开采或使用权利的费用在高风险国家是较低的。尽管如此，目前，关于矿业和石油海外投资项目合同条款相关信息和数据的有限性和可得性阻碍了对这一结论的实证验证。在以下部分，我们试图从东道国的低税率鼓励、廉价的资源权利价值以及东道国的技术阻碍等方面解释这一原因。

1. 东道国的低税率鼓励

引用一份国外投资者调查证据，Hajzler（2010）在现实数据的基础上，为此提供的解释是：在风险较高的投资环境中，东道国政府以低税率或税收优惠的形式向国外投资者提供投资激励。尽管如此，从东道国的角度来看，这一安排是否合理，以及这一措施对于外国投资模式的意义仍然是不清晰和非确定的，但是低税率激励政策无疑降低了海外投资者的投资成本，对于国外投资者的利润最大化目标无疑是一个有利的正向刺激。

2. 较廉价的资源权利的获取①

除了适用于国内任何行业领域内的国外投资，如以上“税收假期”较常见的激励政策选择，我们认为，为了弥补内在风险，政府提供相对廉价

① 通常而言，资源权利一般包括勘探权、开采权、加工权利等。

的资源开采权也提供了高风险国家能够吸引资源类国外投资的合理解释。一般来说，东道国政府部门能够管理和控制对资源使用或开采权利的准入，而资源权利对于整个可交易资源的生产价值链来说却是最重要、最关键的生产投入，并直接决定了项目的开发成本。在其他行业内，几乎不存在与此相类似的措施来控制国外投资者对于利润的获取能力和程度。

以 Stiglitz（2007）为基础，我们主要讨论资源国政府对于国外投资者资源权利进行供给或征收的选择。我们在此着重关于资源行业海外投资两种不确定性的来源：一是不可预测的资源产出价格；二是政府违约后国际社会和投资者对东道国所获收益的外在惩罚。违约惩罚的变化能够代表国外投资者对东道国施加的外部制裁的变动，或是对东道国国内对于外国投资政治态度的变化。此时，高惩罚制度即东道国政府对于征收的非激励制度，以及低惩罚制度即东道国政府对于征收的高偏好两者之间的差异，可以衡量不同国家政治风险的高低差异。相对低政治风险的国家是指对于所有制度来讲，违约惩罚程度都是较高的，而相对高风险国家是指在不同的制度内，违约动机存在较大的波动。因此，不同部门之间的相对风险假设会表现出不同。同时，国际投资者与东道国之间的合同条款即可反映不同国家风险的不同。

我们认为，通常高风险国家能够通过向外国投资者提供价格较低廉的资源权利而受益，借此方式吸引资源部门的国外投资。然而，相对低风险的国家通过合法管制和监督这一部门的国外投资，结果往往表现更好。也就是说，当东道国政府以平衡资本流动目标为意愿，在承诺不违约的前提下，采取征收等违约行为会引起巨大的成本。只有在低惩罚制度中，政府被鼓励采取违约行为，采取违约的吸引力随着资源产出价格的提高而增加。

最后，在高风险国家里，最小化违约风险需要国外投资总体水平远低于最优水平，对于东道国政府而言，通过增加国外投资而获得的收益要远远大于直接征收的成本。因此，东道国政府通过降低资源权利的价值来弥补国外投资者的其他类型的风险进而达到吸引国外对资源部门的投资的目的。综合考虑，这些结果意味着东道国的违约风险与资源类国外投资份额之间显示出平均的正向关系，且价格较低廉的资源权利能够有效弥补由于其他风险导致的国内资源部门的投资不足。

在实践中，东道国政府能够通过向资源部门的国外投资者提供合理的交易条件以抵补较高的违约风险并不是一种新现象（Monaldi，2001）。可以说，东道国内相对较低的资本存量是其政府吸引国外资本流入的主要动机。由于采取直接补贴的方式通常会对已经稀缺的国内资本造成更大的压力，而税收上的补贴对于许多发展中国家政府而言，在经济和政治上可能面临更大的困难。因此，相对于直接补贴而言，东道国向国外投资者提供低廉的资源使用权利价格可能会是更加灵活和有效的替代品。

3. 东道国的技术阻碍

除了东道国政府提供税收方面的鼓励以及较廉价的资源权利价格能够在一定程度上吸引国外投资者对于资源部门的投资之外，东道国政府本身较弱的谈判能力也是解释具有违约历史的高风险国家能够源源不断吸引资源类海外投资的原因之一。

从国外投资者的角度来看，由于许多资源储量大国并没有足够的资本或独立的技术开采其国内的自然资源，东道国政府不能或不愿意将获得资源的全部价值作为其考虑的核心问题。要想获得资源收入，东道国不得不通过产品分成协议、联合作业、资源换贷款等方式寻求与国外投资者的合作。此时，面对弱势谈判能力的东道国政府，海外投资者通常能够获得较丰厚的资源收益。因此，即使一些国家历史上发生过征收或违约事件，但是国外投资者在高额利益驱动下，仍然愿意对该部门或行业持续新增投资。

第三节　政府违约行为的影响因素

依据前文的分析框架内，本节将继续对东道国的征收风险和政府合同违约风险的影响因素进行合理分析和解释。

一、征收风险的影响因素

在本书中，我们重点强调的是东道国政府对于国外投资采取征收的时机，我们认为，外部因素在很大程度上影响并促进了东道国政府征收其国外投资者决策的形成。

1. 经济危机对征收风险的影响

在经济危机期间，政府会做出怎样的选择？与现存的研究经济自由化以及危机之间关系的文献结论相一致，我们发现在某种意义上，经济危机约束了征收与政府违约行为。

这一逻辑的基本出发点强调了在经济萧条期间，市场自主性对于政府决策产生的影响。越来越多的学者已经利用相似的观点将经济危机与新自由主义改革相联系。Haggard，Maxfield（1996）认为政府经常在危机期间实施资本账户自由化改革，做出支持市场自由化的姿态。同样的观点也已经被得到证明：经济危机通常能够引发新自由主义改革（Abiad，Mody，2003；Biglaiser，DeRouen，2004）。

Diana Restrepo（2012）认为政府在危机期间征收投资者的可能性会更低，其原因在于，存在资金流动困难的政府在危机期间很少以破坏目前和未来的国外投资流入为代价进行违约。在这一意义上，国际金融市场上普遍的借贷现象制约了东道国政府征收国外投资的行为。此外，投资母国政府有能力通过终止对东道国的援助或IMF信贷配额的降低来对于采取征收投资者行为的东道国进行惩罚。尽管危机期间，征收投资者可能为东道国带来收益。但是，东道国政府在危机期间进行征收的成本会更大。MIGA（2013）通过预索赔案例来检验投资征收的假设，实证结果也为危机与征收倾向相关性不断下降之间的联系提供了支持依据。

尽管这一观点具备合理性和清晰的逻辑性，但是这一领域的实证研究结论却表现出争议。许多实证研究结果发现危机和资本账户自由化之间存在微弱的关系。例如，Drazen，Easterly（2001）发现征收与危机期间的经济改革和通胀之间存在正向关系，但是这一观点对于经济萧条的其他度量变量却不成立。在近些年的研究中，Pepinsky（2012）发现政府在经济危机期间更可能采取管制其资本账户的措施。Wells，Ahmed（2007）记录了多起投资争端案例，并将这些争端与经济危机联系到一起。在许多案例中，他发现，重大金融危机之后，基础设施投资项目持续运营的可能性和可行性有所降低。Petrova，Bates（2012）认为经济冲击能够引发政治风险，这一点在既非民主也非集权制的中间制度中会表现得更加显著。

关于这一方面的解释是东道国政府在危机期间被迫征收国外投资企业。在政治风险保险领域内，Hansen（2005）表示，新兴市场尤其是印尼、巴基斯坦、俄罗斯联邦以及阿根廷在经济危机期间都具有大量的“问题”投资。MIGA（2014）最近的调研结果发现，投资者相信危机会诱发政治风险。当投资者被问到金融危机对于征收风险的影响时，各有29%和37%的投资者表示危机会导致显著的或不显著的风险上升；只有10%的受访者认为金融危机会导致风险的下降，相似的结果对于经济衰退对征收风险的影响同样成立；15%的受访者指出经济萧条会对政治风险的发生概率产生明显的增加，44%的受访者表示经济危机会导致风险小幅度的增加。

总结以上观点，尽管经济危机对于征收的影响究竟是正向或是负向的结果并没有得到广泛共识。但是，我们可以预测到，在某些情况下，对于资源类行业的海外投资，经济危机期间仍然是国内外投资者值得注意的特殊时期。

2. 对于政府名誉的关注和对IMF等多边机构援助的依赖

对于政府名誉的关注和对IMF等多边机构支持或援助的依赖这一影响因素主要着重于声誉以及母国政府或多边融资机构潜在“报复”对于东道国政府的重要性。MIGA已经收集了从1998年至2010年34宗关于自然资源行业征收和合同违约的预索赔案例。从MIGA预赔付案例的数据中可以发现，对于政府名誉的关注以及对IMF等多边金融机构提供援助的依赖在很大程度上影响了东道国政府的征收行为，如考察东道国政府的征收决策或从潜在征收中排除这一行为的决策。尽管征收是东道国考虑到各种综合因素做出的行为，但是综合以上，选择征收的决策对于东道国国家或政府而言是有成本的。这些成本包含了政府的国内、国外名誉成本，亟须从其他国家或多边机构获得融资支持的需求，以及潜在未来国外投资的撤出为投资接受国造成的成本。

3. 自然资源的价格和产量（资源周期）

一篇讨论征收问题的经典文章是 Cole，English（1991）。在其文章中，Cole，English（1991）讨论了在一个政府决策制定的模型中，他们依据采取征收的当前收益与未来投资损失之差的成本收益分析检验了政府的征收决策。Cole，English（1991）提出的理论模型并没有提供一个明确的预测，其主要结论是：一方面，当投资项目的产出价格较高时，东道国政府会倾向于采取征收投资的决策，尤其是对于自然资源部门，这一类型的征收被叫作机会主义（opportunistic）征收；另一方面，当投资项目的产出价格较低时，东道国政府为了保证其国内财政支出水平，通常也会对国外投资采取征收行为，这一类型的征收被叫作蓄意（desperation）征收，最近证据表明蓄意征收在现实中也较为常见。

在标准的资源产出或销售合同中，自然资源产出价格的显著上升意味着相对于东道国政府所获取收入，外国投资者收益会出现上升。因此，在自然资源行业领域内，给定来源国外投资项目的东道国收入是依赖于产出价值而不是外国投资者收入的条件下，产品价格的波动是加剧外国投资者与东道国收益差距的主要因素，从而增加了这一资源部门的相对风险。

与前文的分析框架一致，更加普遍的情况是，当价格驱动或产量驱动导致的资产价值较高时，无论是以试图最大化东道国福利或是部分政府官员的“中饱私囊”为目标，东道国政府部门都可能有更大的动机去征收国外投资者，这一关系在 Eaton，Gersovitz（1984），Cole，English（1991）以及 Thomas，Worrall（1994）的模型中已被充分论述；Duncan（2005）记录了当资源价格在其趋势价格之上时，政府通常会提高该部门的税率或产生征收的倾向；Hajzler（2010）检验了自然资源部门政府征收时机与资源价格的关系，也证明了以上结论。

二、合同违约风险的影响因素

在实践中，外国投资者对于投资目的国政治风险的观念和看法会受到已有趋势和产生的新的经济和政治发展现象的影响。根据前文中MIGA-EIU（2013）进行的关于政治风险的调查结果，可以看到，在跨境投资过程中，政策监管的负面变化以及违约是令国际投资者最为担忧的因素。政府合同违约风险作为持续影响投资者投资情绪的主要风险，无论是投资者层面，还是保险机构层面，都需要加强和深化对其的认识。在本部分，本书将分析这项风险，并论述决定其特定合同层面和国家层面的影响要素。

目前，从国际投资争端的角度，征收发生案例已经总体上呈下降趋势，而违约事件概率有所上升。具有较强说服力的一个证据是，在过去20年间国际仲裁事件呈现稳定增长的态势，而近些年的国际经济环境变化也显示了由全球经济危机导致的投资诉讼案件的数量上升。尽管较大规模的外国直接投资部分推动了国际诉讼案件的数量上升，但是越来越多国家参与签订的投资协议正在约束着国外投资者和政府之间的关系，并且投资者和政府的合同倾向于着重具体化争端解决程序的事实也导致了国际诉讼案件数量的大幅上升。在伦敦国际仲裁庭，合同违约案件的新增提起数量在2007—2008年提高了55%，在2009年又增加了14%达到243件。来自巴黎ICC（International Chamber of Commerce）和瑞士SCCAM（Swiss Chamber's Court of Arbitration and Mediation）的统计数据得到了相同的结果：ICC受理合同违约案件在2008年增加11%，在2009年增加了23%达到817起。SCCAM受理的仲裁请求在2008年增加了15%，在2009年继续增加53%达到104个。

目前，对于合同违约风险的研究主要分为以下两个派别：

第一类文献着重于关于合同本身的特定问题。这一考虑可能是合同是否以投标或非投标为基础、合同设计、项目的公共所有权比例、国际金融机构（IFIs）的参与，或是与交易相关的部门特定风险。另一个独立并且

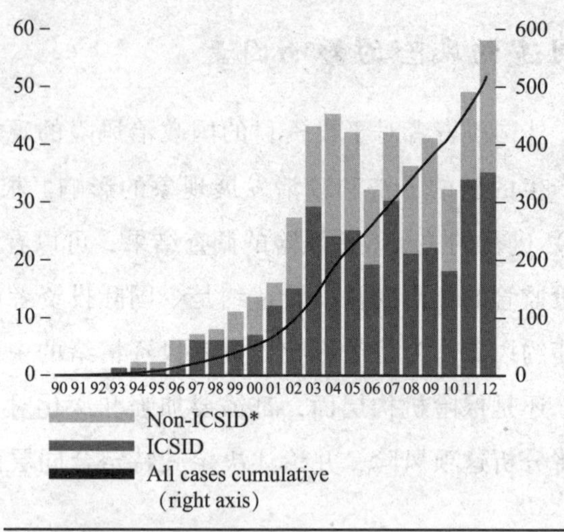

Source:UNCTAD,World Investment Report 2013
*Non-ICSID cases do not include date from all of the arbitral bodies

图 8.2 1990—2012 年 ICSID 及非 ICSID 投资争端数量

有所不同的分析框架对于特定交易的考虑主要以“过时谈判”（obsolescing bargain）为主。随着合同年限的延长，随着最初的协定逐步到期，国际投资者面临着被迫变更合同条款更大的风险，尽管合同条款仍然不变，但是却增加了长期内的脆弱性。

第二类理解合同违约的方法是看待国家的特定因素。这里关于政治和经济的考虑占据了主要地位。政治、意识形态、制度变化以及管理质量对于政府作为合同签约方具有影响，从经济角度出发，受到经济冲击的国家财富和所起的作用处于分析的最前沿。在这一方法中，理解合同和监管风险的框架与理解纯粹的和渐进的征收风险有一定的相似性。这意味着虽然政府监管形式已经变化，但是政府的潜在动机以及动机结果对于各种风险仍然是类似的。

这两种方法在理解合同违约风险时几乎不包括重叠因素。对于纯粹的合同层面的分析，由于缺少大量的合同数据和合同本身的异质性原因，这可能已经“被迫”形成了一种研究方法，这种方法是更加偏向定性化的，并且研究人员一直致力于考虑特定合同种类以及结果。由于这种原因，数量和数据的集合相对困难，因此，无法被清晰地合并在一起。相对而言，对于国家层面的数据，可得的经济和政治信息使它本身可以以大量的数据分析作为基础，如典型的模型构建和数量分析。宏观经济变量较容易获得，并且存在广泛接受的政治类型、意识形态以及管理制度的量度方式。由于各种分析方法所涉及的风险基本相同，看待每一种风险和多种合并类别的风险，在一定程度上能够获得相对和绝对的重要性，允许这些风险决定因素呈现更加清晰的画面。

总结以上两种层面的考虑，见表 8.1。

表 8.1　合同违约的影响因素

合同层面的风险	项目所属行业； 公共部门的较低参与率； 国际金融公司的缺席
国家层面的风险	经济下行周期； 该国对大宗商品的依赖程度； 政治体制的质量
其他风险形式	合同期限的重要性

1. 特定合同层面的影响因素

（1）合同期限

从风险曲线这一证据看起来，似乎支持“过期谈判”的理论假设。给定其他条件不变，风险曲线描述了随着合同履行年限的延长，合同发生违约的可能性。在这一情况下，向右上方倾斜的曲线意味着随着项目合同的到期，合同违约的风险呈指数增长。像之前讨论的那样，随着经济和政治形势遭遇冲击或经济周期的变化使得项目情况随之变化，削弱了原始合同的可行性，从而使政府更加容易违约。图 8.3 也显示了在合同签订的最初几年内，合同违约的概率显著增加，到了合同执行中期，曲线变平，违约概率相对稳定，到了项目后期，合同违约曲线斜率又一次变得陡峭。尽管如此，这一规律仅适用于资源部门，依据不同条件，该曲线在不同部门的表现形式也会不同。

MIGA-EIU（2013）对合同违约和监管风险进行了调查访问。在一个包含203个被访者的样本中，多数被访者已经经历了两件以上的政治风险事件。那些经历了违约或再谈判的被访者在经历违约事件之前已经平均运营了9年以上。此外，这一数据结果强调了在合同早期之后增长的“摩擦率”——也就是“过时谈判”。

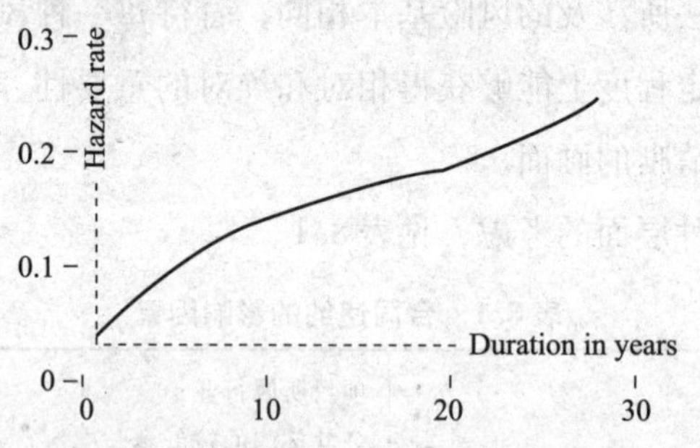

图8.3　合同成熟期与合同违约概率

（2）所有制结构

图8.3描述的基本关系有助于帮助已签订合同或协议的投资者分析和估测合同违约可能发生的时机。但是，单一因素的分析并不足以预测合同违约的发生。图8.4进一步说明了所有制结构和合同成功率的关系，并显示了合同的存活曲线。图中曲线显示了合同在每一期未受到违约事件影响

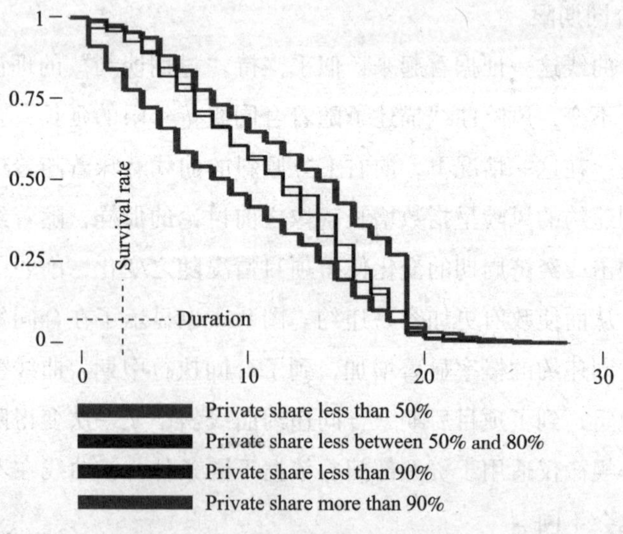

图8.4　合同所有制结构与合同违约概率

的概率。对于每个解释变量来说，曲线越高，合同成功概率越大。图 8.4 中也显示了在同等条件下，私人投资份额小于 50%、50% ~80%、小于 90%、大于 90% 四种类型的合同存活曲线，结果显示，私人投资份额与合同存活率之间存在完全的负相关关系，即投资者的公有制越高，合同成功率也会越高。

（3）竞争性竞标

从项目的获得方式来看，如果投资者所投资项目通过东道国公开招标、投标的方式获得投资开发机会，那么此时该项目的合同违约率会相对较低。尽管这一结果并没有得到现实数据的检验，但是，可以预期结果将具有一定稳健性。原因在于，竞争性的招投标行为意味着更大程度的信息披露和透明性，此时政府违约将会造成更大范围的名誉成本。此外，由于竞争竞标通常会导致对于公共机构来说更高的收入份额，因此，竞争招标项目预期会降低政府采取合同违约的吸引力。目前，这一结论尚待从实践和数据方面得到证实。

（4）国际金融机构的参与

通过提高违约的声誉成本，国际金融机构的参与意味着与更低的合同违约概率相联系。国际金融机构对于项目的参与，如通过为项目提供信贷支持、股权参与或项目担保、保险支持等方式对投资项目的介入很可能会提高合同成功履行的概率，在项目生命周期中提高持久度。如图 8.5 所示，向右下方倾斜的两条曲线显示了国际金融机构对于项目参与与否确实会对合同违约概率有所影响。

2. 宏观层面的影响因素

与特定合同层面的解释变量不同，在决定合同的持续性方面，宏观层面的影响要素考虑的关键变量主要侧重于宏观经济方面，如一国的政治和经济等结构变量。

（1）人均收入

从一般预期来看，低收入国家作为合同签约方可能面对关于履约的能力和意愿问题而产生更多的违约事件。付款能力、对于冲击表现出更大的

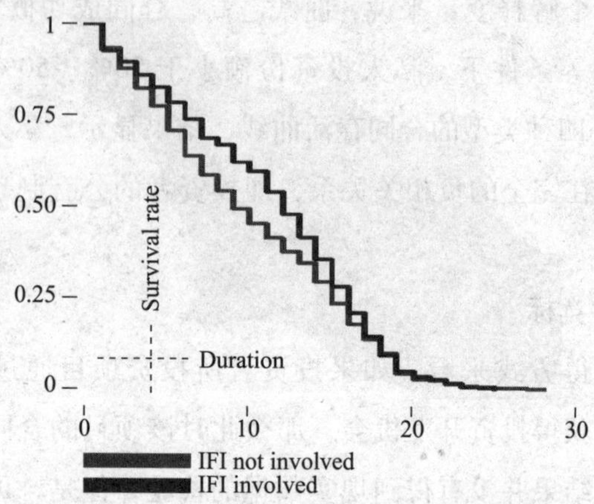

图 8.5　国际金融机构的参与与合同违约概率

脆弱性以及在低收入国家的弱管理问题均是合同违约的主要推动力。但是，统计分析结果与以上推论看起来并不保持完全的一致。

考虑图 8.6 结果，可以发现人均收入与合同风险之间的关系是呈非线性相关的。而且，统计方面的显著性意味着人均收入和合同持续期之间的关系很可能呈倒 U 型：随着人均收入水的平上升，合同风险增加，在达到较高的收入水平之后，合同违约风险随之下降。这一人均收入的拐点约为 10000 美元，而合同违约风险相对较高的部分主要集中在人均收入接近 10000 美元的区间内。这一相关性意味着履约意愿而不是履约能力是关于

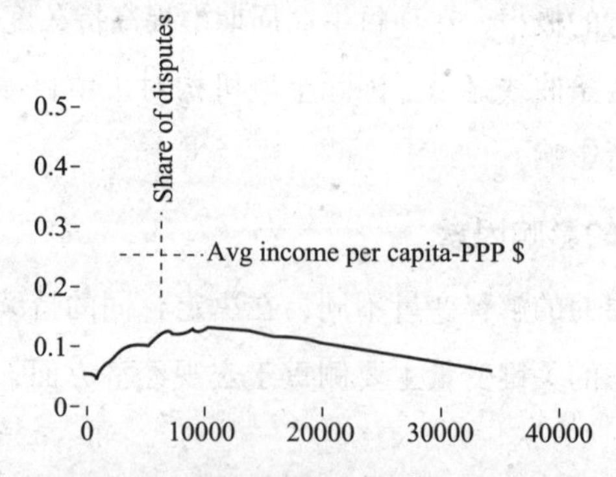

图 8.6　收入水平与投资争端

合同违约主要的驱动因素。中等收入国家政府具有更多的资源和机会来进行政策变化或对于现存的合同安排提出要求。与此相关，合同违约在收入不平等国家的项目中预期会更加常见。收入不平等创造的社会紧张氛围会对于一国政府施加压力，迫使该国政府在合同的生命周期中通过重新谈判获得更多的财富价值。

（2）GDP 增长率

除了人均收入水平，GDP 增长率也是解释合同成功率的另一个关键变量。这一关系的背后逻辑是符合通常直觉判断的：当政府面临较低的产出增长率就会寻求其他的资源收入来源，合同的按期履行将面临更大压力。这一关系在金融危机期间被加强，由于 GDP 增长率的大幅下滑对于政府预算产生重大压力。因此，即使控制商品冲击、基本财富和制度性等结构变量，这一关系仍然是相对稳健的。

（3）政治制度

民主和政府意识形态的水平对于合同的持续期具有统计上的显著影响。WIPR（2011）认为政治体制的类型是违约和征收风险的主要推动因素，由于法律、平衡势力、多方参与者和声誉对于政策制定者的重要性等制度性特征，民主体制对投资者可能是更加友好的。此外，MIGA（2011）也研究发现，较高风险的征收行为和违约的行为主体通常是被称为“左翼”控制的政治团体。

（4）资源价格

与征收风险的影响因素类似，合同违约也受到资源价格的影响。贸易条件的冲击——如石油价格波动的非预期增加，可能会造成项目成本超支的较高风险，尤其是对那些燃料进口国家。相反，商品价格的上升会增加资源类部门的收益，对于现存合同产生违约压力，并进而提高东道国政府的合同违约动机。

本章小结

在本章中，我们主要讨论了东道国征收风险和合同违约风险（统称为政府违约）的分析框架和影响因素，我们主要得到如下结论：

1. 从全球范围内来看，发展中国家更倾向于对大宗资源类的投资做出违约行为；当资源部门处于繁荣时期时，这一行业发生政府违约的概率较大；资源类国家尽管风险较高，但是这一行业内的海外投资的流入却并未受到明显影响。

2. 经济危机、对于政府名誉的关注和对 IMF 等多边机构支持的依赖、自然资源的价格和产量均会影响到征收决策或征收发生的时机；对于合同违约而言，我们主要从特定合同层面和宏观层面观察其影响因素，其中合同层面的影响因素包括：合同执行周期、项目所有制结构、项目获取方式以及国际金融机构的参与程度；宏观层面的影响因素包括人均收入、GDP 增长率、东道国政治体制以及资源价格周期。

3. 结合前述分析，政府对于自然资源部门的国家干预，包括试图重新平衡收入权利和关于进入战略性资源权利的政策性变化以及合同的再谈判已经成了资源部门海外投资的主要担忧。全球金融危机前业的商品价格的上升以及广受诟病的资源型国家的紧张气氛都会加大资源国有化的预期（Ernst，Young，2013；MIGA，2014，2009）。

4. 近年来，海外投资保险已经着重于外国投资的主要担忧，提供了资源行业投资的违约风险。我们认为，无论是作为资源行业的投资者还是作为海外投资保险机构而言，认识到以上一般事实和结论对于认识政府违约行为均是大有裨益的。特别是海外投资风险保险和咨询机构，对于资源类投资项目的风险判别，既要做到以项目本身为基础依据，又要掌握一般资源类投资和风险规则，只有兼具“规则性”和“针对性”，才能真正对资源类境外投资的风险具备系统性的全面认识。

第九章

海外投资保险对资源类海外投资的作用机制

在资源禀赋丰富的国家中，面对“自然资源诅咒”，境外投资企业不得不采取措施化解可能面临的较高的政治风险。正如前文所述，资源动机类型的海外投资企业在砥砺前行的过程中已经遭受了巨大损失。中国出口信用保险公司作为国内唯一一家政策性海外投资保险的经营机构，目前在海外投资保险方面已经积累了较为丰富的经验，并为资源类跨境投资企业的境外投资项目提供了切实的利益保障机制。尽管如此，由于当前中国企业跨境投资经验匮乏、产品创新延滞、市场宣传不到位，以及部分企业风控意识不强等原因，使海外投资保险这一产品目前市场地位仍较为尴尬，市场价值认同度尚待加强。在这一背景下，本书在这一章将挖掘海外投资保险的作用机理，旨在为海外投资保险产品的潜在价值提出依据，并帮助境外投资企业更好地认识和利用该金融制度安排，实现投资的收益最大化。

在国际 ECA 机构中，目前关于海外投资保险的作用主要强调以下两点：

1. 保护投资企业的境外投资资产

在发展中国家，不可预期的政治事件可能会突然发生。这类事件的发生会为国内投资者国外项目的正常运营带来障碍，进而损害投资价值。在实践中，任何政治风险都可能威胁到中国企业的国外资产和投资，ECA 的政治风险保险能够弥补企业 90% ~95% 的损失，使企业的境外资产得到有效保障。

2. 便利融资

ECA 的海外投资保险能够通过保护国外项目免予政治风险，解除银行或商业合作方的潜在担忧。通过海外投资保险为再融资获得抵押品，降低其风险资产占比，是银行发放贷款的一个重要考虑因素。这一优势能够使企业更容易获得贷款支持以及更多的信用支持来完成境外项目。

事实上，以上对于海外投资保险作用的挖掘并不透彻。从不同角度来看，海外投资保险的作用具有多样性：从海外投资保险这一金融产品的诞生来看，其主要承载着发达国家对于发展中国家的风险判断并旨在保护发达国家国内垄断资本的利益，其本质是资本主义和殖民主义在全球延伸的一种工具；随着战后全球经济环境的发展演进，美国作为单一经济势力不断崛起。因此，可以将 OPIC 的成立看作在全球贸易和投资和格局中输出美国规则的方式之一。世界经济发展至今，全球一体化的纵深发展赋予了海外投资更加“无私”甚至是普世的意义，即各国对于全球国际投资的促进和保护的共识不断增强。尽管如此，作为海外投资保险的供给方，在国际 ECA 机构中，对于这一共识的认识却往往流于形式，深层次的认识尚待发现。而作为海外投资保险的需求方，企业也缺少动力和动机去了解和认识这一保险工具。因此，市场参与机构在理解上的断层制约了海外投资保险的进一步发展和成熟。在本章中，本书将从发生风险前和发生风险后的角度，讨论海外投资保险对于资源海外投资的促进和保护作用。

第一节　海外投资保险对于跨境投资的覆盖

根据伯尔尼协会统计，2010—2013 年伯尔尼协会成员年新增承保金额增长迅速，年均增长率达 20% 以上。2014 年新增承保金额较 2013 年呈现小幅下降。尽管这一水平较上年下降了 3. 5 个百分点，但是却达到了全球融资低点——2009 年绝对额的两倍。2013 年末，伯尔尼协会成员的总已保投资额达到 2350 亿美元，较历史上达到的最高水平高出了 6%（如图 9. 1 所示）。

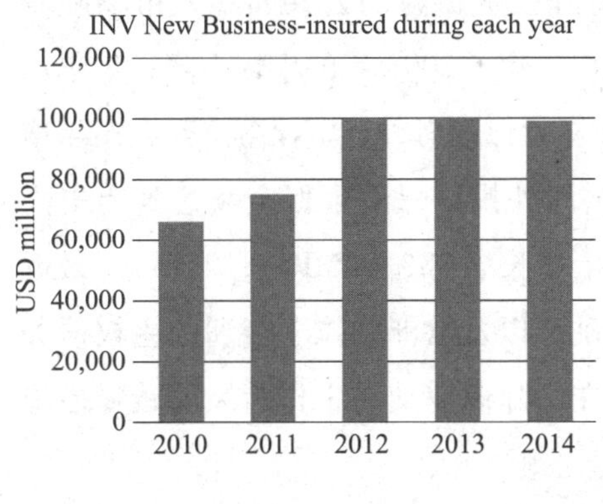

	all figures given in USD Million
2010	49,337
2011	66,472
2012	75,328
2013	99,745
2014	99,082

资料来源：伯尔尼协会统计数据。

图 9.1　2010—2014 年全球海外投资保险年新增承保额

伯尔尼协会成员在海外投资险项下支付的总赔付金额在 2013 年达到 1470 万美元，增加了 17%。赔付额在 2014 年继续增高，增幅较大。高赔付金额投资国家包括利比亚（280 万美元）、委内瑞拉（210 万美元）、越南（190 万美元）以及缅甸（150 万美元），其中政治暴乱风险所引发的赔付占比最高（如图 9. 2 所示）。

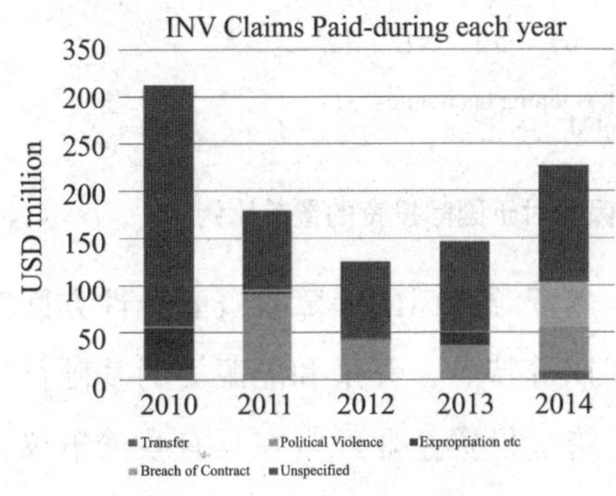

all figures given in USD Million	2010	2011	2012	2013	2014
Transfer	11	0	0	0	10
Political Violence	0	91	43	37	46
Expropriation etc	45	3	1	13	0
Breach of Contract	1	2	0	1	48
Unspecified	255	83	81	95	123
Total	312	179	125	147	226

图 9.2　2010—2014 年全球海外投资保险年赔付额

海外投资保险作为其中一个重要的组成部分，属于整体国际投资体系中的风险管理中手段。作为投资保证中的一个子集，海外投资保险为外国投资者提供了对抗东道国一系列非商业风险的金融保证，包括货币和融资的转移风险，征收和合同违约风险，战争、恐怖主义和国内暴乱风险

（MIGA，2010）。在过去二十年间，海外投资保险的公共和私人市场随着全球投资流的扩大已经有了很大的增长。除了2008年的小幅下降，伯尔尼协会数据显示伯尔尼成员自从2001年新承保的海外投资保险金额在逐年增长（MIGA，2013）。在2012年，新增海外投资保险承保金额达到历史高点，在全球FDI总量规模下降的情况下增长了33%（MIGA，2014）。最近的政治事件，如中东和北非的国内暴乱，以及欧洲和拉丁美洲的主权债务危机，已经显著提高了海外投资保险在国际商业交易中作为风险减释措施的地位（如图9.3所示）。

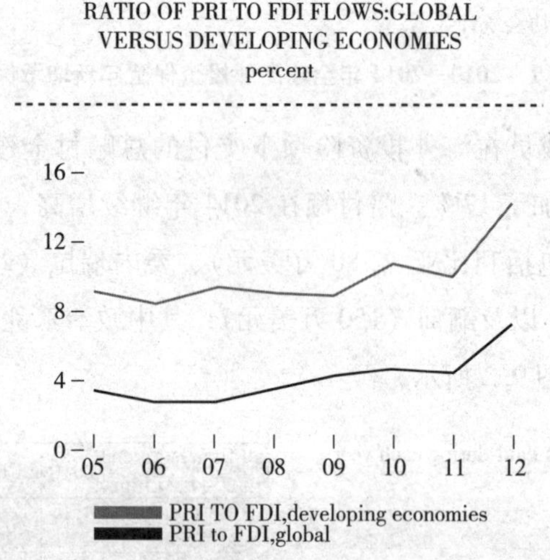

图9.3　2005—2012年海外投资保险对于国际投资的覆盖比例

根据前文分析，海外投资保险在自然资源部门的保障投资安全性方面发挥了更大的作用。由于重资产、长周期等特点，开采和能源类的基础行业对于政治干涉和国内暴乱尤其敏感，跨境投资企业经常在具有政治争议或是冲突倾向中的环境中运营（MIGA，2009）。对于双边或多边的公共保险人，海外投资保险安排的标准是根据更加广义的政策目标制定的，海外投资保险长期以来被看作是刺激资源丰富但是政治环境不确定性较大国家中国外投资的手段之一，并以国内经济利益或国际发展目的为目标。最近几年，由于20世纪80年代到90年代的私有化和自由化过程，允许外国投资者进入自然资源部门的门槛有所降低，这些投资目的地也为私人保险商提供了较为有利的机会。根据伯尔尼协会统计，对于矛盾冲突影响剧烈的较脆弱地区的海外投资保险机制安排，其中60%的比例集中于资源丰富国家，主要覆盖领域为开采行业和能源部门（MIGA，2010）。

第二节　海外投资保险对于自然资源类投资的作用机制

与商业保险产品相比，海外投资保险在公有和私有的混合领域中运营，这一保险制度的安排包含了更加复杂的合同和非合同关系，这些安排的相关方处在一个更加复杂的法律和政治管理框架中，具有广义的国际和外交意义。本书因此认为海外投资保险代表了一种政府观点，为组织和管理发展中国家自然资源投资的参与者的行为提供了一个行为框架。这一观点的合理性主要是基于风险的概念以及海外投资保险作为国际经济关系的组织规则，是一种使现实变得秩序化以及管理个人、集体和公众行为的方式（Dean，2010）的基础上。

海外投资保险属于广义的风险管理框架中的一种，此时风险的概念转变为可保风险，是直接的组织策略和资源，并且能够推动监管政策的发展（Baker，Simon，2002）。在自然资源项目中，投资障碍通常来源于外国投资者、东道国和地方政府之间的冲突，海外投资保险安排能够重新制约不同股东之间的参与行为，并且重新规范东道国在更广义的国际交往中的参与行为。具体来看，本文认为，在自然资源行业，海外投资保险的作用机制主要有如下几种：

一、在地位认定方面，海外投资保险制度可以被看作是政府行为的延伸

作为金融工具，自英国1919年设立出口信贷担保局以来，世界官方出口信用保险机构已经走过了近百年的发展历程。在海外投资保险领域，如前所述，大部分的保险机构主要提供四种类型政治事件的保险：（1）货币

兑换和金融财产的转移限制；(2) 征收，包括国有化以及所谓的渐进或有管理的征收；(3) 政治暴力，包括战争和国内暴乱；(4) 主权责任的违约，如仲裁索赔的非支付，合同违约以及主权金融义务的不履行，覆盖了政府无法满足证券、贷款或担保的非支付义务（DeLeonardo，2005；Gordon，2008）。作为赔偿损失的一种方式，海外投资保险能够补偿投资者由于东道国政府持续性行为或民众的政治运动导致的金融损失。通过降低投资者对这类事件的风险暴露，海外投资保险能够起到广泛的投资刺激作用和杠杆撬动作用，使投资者以更有竞争力的条件获得融资。就金融机构等提供贷款方而言，海外投资保险同时也能够释放其资本金需求（MIGA，2010），达到监管机构的要求。

大部分工业化国家已经通过专业化的保险投资机构，如 OPIC、EACs 或 EDC 等成立了公共的海外投资保险制度。最近十年来，由于新兴国家逐步由资本进口向资本出口的地位转变，多数新兴市场国家也开始启动他们的海外投资保险计划。尽管这些国家中关于海外投资保险的地位或管理机构可能不同，但是其基本动机却是类似的。大部分公共保险机构将海外投资保险覆盖到国家公民个体以及在国内的常驻外国企业，主要以国内经济和对外政策为目标（Gordon，2008），目的是刺激本国的贸易和投资。一些机构，如 OPIC，也规定了促进国际金融发展的利他性目标，如通过刺激吸引外国投资以促进发展中国家和转型国家的资本市场的发展。

以上基本发展目标也支持了多边海外投资保险的运营方式，最重要的多边机构是建立于 1998 年的法人机构 MIGA（Multilateral Investment Guarantee Agency）。多边海外投资保险机构，包括 MIGA 以及亚洲发展银行的区域型机构，将其自身的运营看作集团整体机构任务中的一个部分。相较双边海外投资保险机构而言，其支持范围也更加广泛。不同于单一国家设立的投资保险机构，多边机构对其所有成员国之间的跨境投资提供保险。例如，MIGA 的海外投资保险覆盖了 MIGA 的所有成员国，其中也包括那些由多个成员国企业共同运营的项目。

海外投资保险作为风险减缓措施的有效性对于国外资本来说，不仅来源风险事件后的赔偿作用，也来源更广泛的约束和管理机制。事实上，海外投资保险政策嵌套在广义的监管和监督框架中，其意义或作用超出了这一政策本身。与其他保险形式不同，海外投资保险穿梭于多重参与和多方关系交织的网络中，与超出保险合同相关方的利益相关者密切相关（Glenn，2003）。海外投资保险这一机制安排包括了一系列事前和事后的风险和项目评估，其监督和争端解决机制影响了投资项目的设计以及外国投资者与东道国政府等之间的关系。在风险管理和政策管理的背景下考虑，海外投资保险的规范和监管性意义变得清晰起来。

二、海外投资保险通过约束东道国政府的行为保障资源部门海外投资的安全性

在自然资源投资领域，即便不是通过直接的合同约束的方式，海外投资企业也通常与东道国政府之间存在更大的利益相关性。从东道国政府角度，海外投资保险这一制度安排能够约束东道国政府的行为。

政治风险保险行业对于风险的描述经常只限于政府行为，包括对于民主政体和国家反映的行为。对于已保项目的保障或将其项目转化为问题投资，均需要特别的干预和外部参与者的协调。在 MIGA 的简报中，曾经用“支持矿产行业”的标题来吸引投资者的注意，同时列举了许多保险机构在矿产行业遭遇的风险事件，包括国内暴乱和冲突、较弱的宏观经济环境、不充足的法律和监管框架（MIGA，2013）。对于政治风险保险机构而言，东道国的本身脆弱性或加重了国家干预经济整体或投资项目的可能性，包括采取征收、金融资产转移的限制和主权责任的违约。

在国际投资领域，Schneiderman 定义的政治经济学的不确定性已经被广泛证明，也就是说，国际资本流动的自由化通常伴随着不断增加的对于主权力量的严格约束，包括对主权国家干预外国投资者进入、退出和运营能力的限制（Schneiderman，2008）。今天的政治风险被定义为跨国公司由于政治势力或事件遭到打击的可能性。在很大程度上，东道国的政治风险被认为决定于政府和政治机构行为的不确定性，如分裂运动等（MIGA，2009）。在这一意义进行考虑，政治风险保险不仅产生于政府对于外国投

资者资产的全部的负面行为，也来自政府利用权力来平衡外国投资者与地方公众之间的利益纠纷。

首先，海外投资保险与其他形式的保险类似。由 Lobo-Guerrero（2010）所描述的由于其具有“无与伦比的改变行为的潜力”，并且通过风险观念或想象，将其理解和管理不确定性的方式应用于所有行业的运营。尽管海外投资保险通常针对某一具体项目，但是，也同时涉及外国投资者的权利、东道国的责任以及这一投资在地方行为中可接受的“门槛”。这使多方参与机构对于东道国的行为产生预期，进而使政府行为限制在可接受的“门槛”内，而在“门槛”之外的行为会引起对于外国投资者的财务赔付。

其次，关于海外投资保险的解释在外国投资的正面影响和投资东道国的不确定性或负面的政治环境提出了“二分制”的区别：东道国的行为通过资产安全化、技术监控和专业协调等方式被修正，使东道国政府的国内管理成为一个合法的监管目标。目前在投资环境监控的形成部分，海外投资保险安排通过限制非常规的政策以及东道国对于外国投资者干预的选择施加了约束力。这一安排反映并加强了构成目前全球经济提倡自由主义的合理性。如华盛顿共识作为国际经济关系中概念和操作前提的出现，在过去三十年间已经构成了国家监管框架的核心组成部分，即限制国家权力对于经济活动的干预以及保证经济活动与政治权利的分离（Gill，1995；Schneiderman，2008）。从而使海外投资保险符合全球经济自由化浪潮，成为东道国干预动机下的一种“次优选择”。

三、海外投资保险作为一种风险分析工具保障资源部门海外投资的安全性

风险评估通常考虑来自官方或商业国家风险评级的分析，包括 OECD 国家风险评级以及世界银行指标，商业评级机构包括穆迪、标准普尔等。目前，越来越多的 OECD 国家的保险机构致力于本身的对于投资项目国别和行业的风险评估，以更好地服务被保险企业的需求。此时，海外投资保险对于资源类的海外投资者起到咨询和辅助的作用。

除了对于单个项目的经济和金融环境波动性的分析之外，海外投资保险评估标准通常还包括覆盖东道国国家和地区的风险分析（Gordon，2008）。MIGA 的操作准则规定 MIGA 的承保部门应该考虑与投资项目和东道国政府相关的因素，并且要求项目本身满足投资东道国的投资条件，包括获得公平合理的法律保护和待遇（MIGA，2012）。MIGA 的承保部门也要考虑投资项目因素之间的关系以及与东道国政府相关因素的关系。在确定征收风险的承保过程中，MIGA 不仅仅要检验项目与东道国整体经济的关系，如经济体量和部门联系，也要考虑对于东道国风险管理的信息披露，包括价格控制、经营要求、税收制度、环境规定、劳工立法以及东道国政府对于国外投资干预的记录、对于征收行为的政见不同者等（MIGA，2012）。

中国出口信用保险目前也利用其专业优势提供关于投资东道国和行业的常规风险分析，从而为跨境投资企业提供更加便利的信息服务功能。

四、海外投资保险作为东道国公共政策形成的推动因素保障资源部门海外投资的安全性

就整个保险行业来看，通过保险产品、保险进程以及实践，保险业组成了社会联系，并且形成、划分并管理了受到约束的个人和公众的行为和生活，这一原理对于海外投资保险同样适用。除了对于东道国干预行为的约束，海外投资保险作为管理机制的意义应该在更广泛的影响力的框架下（Lobo-Guerreri，2010）被理解，也就是说，海外投资保险的实践不仅影响了保险合同相关方的行为，也影响了社会联系也即管理公共政策。因此，海外投资保险的影响力不仅仅来源其金融驱动力以及对于经济和社会的不断增加的不确定性的核心作用，而且来自它本身运行涉及多方面而产生的广泛的影响。

对于海外投资保险行业的金融和政治影响力较为核心的是关于风险本质和反映背景下的政策和实践的定位。风险管理的理念存在于广义的制度结构、参与者、事件以及管理社会行为的知识内涵中，在海外投资保险中，这一宏观体系即为全球经济（Lupton，2012；Dean，2010）。风险作为

管理理念试图将不确定的生活条件转换为可计算的形式，进而能够被管理。像 Dean（2010）和 Ewald（1991）认为的那样，管理背景下的风险不被看作自然的发生实体，而是一种关于事件的思维，因此，构造一种现实，使通过对于某一结果的干预使它们可以得到修正（Dean，2010；Ewald，1991）。

作为转换管理手段，海外投资保险确定了个体企业以及其他全体获得保险综合服务的条款。在这一意义上，海外投资保险不仅约束了政策制定者的行为，也将它的管理作用延伸至那些受到保险政策影响的社会或经济部门。在这一情况下，通过作为经济活动的“守门人”，跨国投资能够受益于海外投资保险通过监管技术管理经济活动的成果。此时，相对于构成经济和商业合同关系的其他非正式的风险管理形式，保险机构确实替代了管理经济参与者之间关系的其他社会和制度安排（Heimer，2002）。

五、海外投资保险通过保护当地民众利益及地方环境保障资源部门海外投资的安全性

相对于其他行业，自然资源的分布决定了资源类海外投资的区位选择。因此，项目运营当地的环境和投资氛围基本决定了海外投资企业的成败。对于海外投资保险产业来说，风险通常来自政府的作为或不作为，或是来自居住在投资项目附近的对于外国投资者引起威胁的地方公众。通常，为了防范东道国或地方团体的行为，海外投资保险提供的保护形式是对于外国资产和项目利益提供的保护，但此时的保护一般排除了与东道国国内法律和公共利益一致的行为。

一般情况下，相对于政府干预行为如何影响到已保项目的财务波动性，被保险企业并不是那么关心东道国政府为什么会干预投资项目以及项目本身是否会对地方公众产生负面影响。更进一步，被保险机构或投资企业在很大程度上不关心已保项目对于地方团体关系的影响，这类影响体现为地方冲突不断加深的潜力以及外国投资者可能会导致对于地方团体的负面结果。

目前，大部分公共海外投资保险机构已经结合了不同形式的环境、当地社会保护措施等将管理标准纳入项目的评估中去，从而构建了监督已保项目的投资者按照标准规定进行运营的机制。Gordon 对于投资担保和海外投资保险的研究发现，在所调查的 15 个 OECD 海外投资保险机构中，其中有 14 个在评估标准中包括了不同环境、地方影响、劳工权利以及反腐败考虑的不同结合，包括 OECD 对于跨国公司准则以及对于环境和官方支持出口信贷的通常方法的推荐意见（Gordon，2008）。中国出口信用保险公司对于海外投资保险项目的评审，同样兼顾了对于当地环境保护、社会影响、解决就业等方面的考虑。

世界银行 CAO（Compliance Advisor Ombudsman）已经明确表示 MIGA 标准的尽职调查框架能够分析未来投资方对于已保损失索赔的可能性，并充分考虑对地方团体潜在的负面影响（CAO，2005）。通过审计 MIGA 对于刚果（金）铜矿和银矿的项目支持，CAO 认为尽管 MIGA 的保险和风险管理流程考虑了冲突和安全问题，但是他们关注的重点不仅仅限于战争和国内暴乱对于项目资产或活动的风险，也会着重于这一项目是否影响冲突的动态变化或项目的安全措施是否能够间接导致对于地方团体的负面影响。

对于公共保险机构来说，政治风险保险机构的目标意味着环境和社会保护标准的目标对于保险机构核心业务的扩大是具有一定的辅助作用的。目前的 MIGA 操作准则，规定了被保险人必须满足与 MIGA 业务标准相一致。尽管尽职调查需求与项目核心风险评估是相互分离的，但是后者决定了保险机构是否承保这一项目以及承保条件，如所支付的保险费用。

综上所述，海外投资保险政策和实践，包括准入标准、代位条款以及协调服务，能够有效阻止东道国采取措施，而这些合规性要求以及干预可能对于当地社会环境或安全因素是必要的。

六、海外投资保险的争端解决和追偿方式保障了资源部门海外投资的安全性

一方面，海外投资保险机构通常向投资方提供专业技术、资源以及协

调服务作为其保险政策的辅助，其意义体现为风险事件发生之前的约束和管理职能，然而，海外投资保险在风险事件发生后的争端解决方面也发挥着不可替代的作用。

如 MIGA，为其已保投资提供事前的投资项目发展和事后的争端解决服务，后者主要目标是防止索赔的升级以及便利潜在的投资争端的演进（MIGA，2013）。OPIC 同样提供咨询服务，在“一事一议”的基础上介入并旨在解决被保险企业和东道国之间的冲突（OPIC，2013）。大量的私人保险机构，如苏黎世保险，也认为其本身不仅仅是客户的保险机构，也是其投资的支持者，帮助投资企业避免或减少政治风险事件以及支付违约引发的损失（Zurish，2011）。

因此，对于外国投资者，海外投资保险提供的风险减缓的收益远远超出现金赔付（Hamdani 等，2005）。海外投资保险投资提供方，尤其是公共保险机构，对于国外政府的行为施加了大量的影响，在很多情况下，成功地阻止了负面事件的发生或是当负面事件发生时，使投资者获得了较优的待遇。据此而言，海外投资保险可以看作“转换管理者”（covert regulator，Heimer，2003），建立了通过不同运营事件和政策的行为标准，包括准入和保险标准、合同条款以及产品定价（Baker，Simon，2002）。

另一方面，在争端解决以及风险事件后的赔偿方面，海外投资保险机构通过代位求偿权的获得在一定程度上可以作为抑制东道国政府不恰当行为的一个考虑因素，能够增加从东道国政府方获得追偿收益的概率。

由于担忧会对本国的资本流入产生负面影响，海外投资保险对于这类风险分析指标的依赖限制了东道国采取那些与投资投资者利益相悖的政策（Harstad，2012）。海外投资保险评估标准与国际投资法之间的相互作用加强了对东道国政府的约束作用，如投资母国和东道国之间签署的国际投资协议、投资仲裁结果执行协议，包括东道国政府对于仲裁决议的认可等。投资协议的出现能够构成海外投资保险准入的先决条件，在许多情况下，投资协议被认为是东道国政府对于国外投资的法律保护的证据（Gordon，2008；Poulsen，2010；Konrad，2013）。例如，在决定征收风险的定价过程中，MIGA 不仅仅考虑投资企业与东道国政府签署的国际仲裁的合同协议

(MIGA, 2012), 也考虑投资母国与东道国政府之间的投资保护协议的存在性, 以及东道国政府执行仲裁协议的历史记录。

通常情况下, 双边或多边投资保护协议的生效不作为海外投资保险机构承保的先决条件。但是, 一些双边保险机构, 如比利时、德国、荷兰出口信用保险机构在项目评审过程中会考虑投资母国政府和东道国政府双边或多边投资协议的存在和条款设置, 进而进行东道国政府的国家风险分析(Gordon, 2008; Poulsen, 2010)。因此, 可以预计, 东道国政府对于协议责任的违约, 如对于仲裁结果的不履行或是合同的撤销, 都会使海外投资保险机构对于东道国政府产生不利的风险评估结果 (Poulsen, 2010)。

最后, 近年来, 世界各国双边投资协议的重新启动已经鼓励了公共和私人海外投资保险机构的发展, 这类协议作为"信号 (signaling) 工具", 用来证明东道国政府对于国外投资者责任的可信度, 或者作为风险分担(risk-sharing) 工具, 通过代位追偿将保险机构的部分或全部风险转嫁给东道国政府 (Bekker, Ogawa, 2013)。代位追偿条款在国外投资项目中的风险平衡的矛盾中处于核心地位, 并且能够对于政府当局的行为产生有力的约束。代位追偿权意味着项目的金融和其他损失由被保险人转移到政治保险机构, 也意味着这些损失最终由东道国政府承担, 即使东道国的干预可能目的在于阻止或降低这些损失。在常规的保险法律的规定中, 政治风险对于降低不当行为者道德风险的降低, 代位权条款能够通过达成这些行为, 抑制监管条件的变化或是投资项目中的管理干预。具有代位权的政治风险保险的覆盖能够避免制造自身的道德风险, 也能够通过赔偿尽职调查以及之后的对于项目的监管不足使投资者更容易退出金融风险较大的项目(Wells, 2005)。

据此, Kazimova (2011) 认为海外投资保险的提供方越来越多地被代位权保护着。以下案例解释了海外投资保险利用其国际影响力在能源项目承保方面的追偿优势。

在20世纪90年代后期, 印度尼西亚政府向公共保险机构 (主要是OPIC和MIGA) 赔付了其支付给能源企业的索赔, 包括MidAmerican和Enron, 这一赔偿的起因主要来源亚洲金融危机之后, 印度尼西亚政府在对于地热能电站项目的干预行为（MIGA，2001）。事件经过如下：印度尼西亚政府认为由前任苏哈托政府签署的购电合同价格过高，导致金融危机之后现任政府无法支付来源供应商的电价。事实上，由于这一项目未通过公开招标，最初的合同效力也受到了一定质疑（Schuman，2001）。尽管如此，印度尼西亚政府最终同意向 OPIC 支付 2.6 亿美元，向 MIGA 支付 1500 万美元作为被保险机构支付的保险索赔（MIGA，2001；Schuman，2001）。同时，MIGA 总顾问 Louis Dodero 表示，尽管海外投资保险机构对于导致项目终止的国家经济环境表示理解，但是国际投资法决定了合同终止或取消仍需要依法做出赔偿（MIGA，2001）。

同时，2004 年，OPIC 组织了国际仲裁会议要求印度政府补偿已支付给通用电气和博克德（Bechtel）（三方电站项目中的两方）的征收补偿，共计 1.1 亿美元。这一诉讼要求主要依据为美国与印度签订的投资鼓励协议条款（Salacuse，2013；Hansen 等，2005）。这是历史上第一次由美国保险机构在协议中提起仲裁条款，最终导致这一争端最终由法院做出裁决（Wells，2005）。

在所有案例中，海外投资保险机构获得代位索赔在很大程度上依赖于其本国政治和金融方面的影响力（Salacuse，2013；Hansen 等，2005；Wells，2005）。这一影响力对于海外投资保险作为风险减缓措施的有效性是至关重要的，相应地，也作为对东道国政府实施监管的一种机制。例如，印度尼西亚经济事务部部长—Rizal Ramli 在解释印度尼西亚政府决定在 2001 年对 OPIC 做出赔付的决定时，提到了美国对印度尼西亚的政治和经济上的战略性影响，并将其作为决策的一个重要考虑因素（Schuman，2001）。对于 MIGA 的偿付也意味着印度尼西亚意在重建与 MIGA 和世界银行的关系，而此前 MIGA 已经中止了与印度尼西亚相关的项目承保（MIGA，2001）。Wells（2005）注意到，当 OPIC 对于印度尼西亚终止的地热能电站项目行使代位权时，OPIC 拒绝向印度尼西亚政府提供与 MidAmerican 签订的保险合同复印件。保险机构在实践中信息保密的做法产生的不确定性进一步限制了东道国政府的行为以及对于外国投资者的政策制定。这一管理方法与对于国际投资法和仲裁的广义框架影响的担忧是类似的。

在这一框架中，范围的扩大以及对于投资协议保护仲裁解释的扩大已经被认为限制了东道国政府干预特定项目以及特定的经济部门或是经济整体本身的空间。

无论一项索赔是否被最终赔付或代位，政治风险保险机构尤其是公共保险商，在保护投资者由于东道国行为导致的潜在损失方面发挥了重要的作用。像之前讨论的那样，主要的保险机构，如 OECD 双边机构和 MIGA 长期内对于东道国的地缘政治和经济影响力，被保险人通过与这些机构的联系创造了一种“光圈效应”（halo effect）从而达到保护被保险人的利益目标（Hamdani 等，2005）。目前，私有保险机构在这一方面不断做出努力，即试图通过政治和政府的联系来降低客户的损失。例如，苏黎世保险声称，依赖其与其他 ECA 机构和多边发展银行的关系以及与东道国官员的持续对话和沟通来帮助客户降低风险（Zurish，2011）。

七、海外投资保险对于新兴能源行业发展的推动

以新兴能源行业为例，包括可再生能源、碳交易以及碳抵补等行业领域。在行业周期的初期，由于新兴能源投资的经济可行性、技术可行性等方面都未广泛获得各国政府和融资方的认可。此时，海外投资保险安排被设计用来承保那些与风险减缓动机相关的政治和监管稳定性风险，包括立法和公共政策的变化，这将有助于促进私人投资的发展以及整个新兴行业的成熟（Surminski，2013）。

给定气候变化的不断变化的本质以及对于在这一领域限制监管和政策当局的动机，在满足国际目标的必要性以及确保所述项目的经济和环境可持续性的前提下，海外投资保险对于这类新兴项目的扩展将会有助于新兴能源部门的发展。

以柬埔寨的森林封存（sequestration）项目为例。这一项目的主要经营目标是封存柬埔寨 64318 公顷的森林用地，并将未来 30 年来源于国际碳市场上交易的森林碳额度产生的收入流用来保护森林植被。OPIC 为美国 Terra 全球资本集团提供了海外投资保险安排，极大便利了这一项目的融资和

后续运营。目前，国际碳市场主要受到 REDD 计划（减少砍伐森林和森林退化导致的温室气体排放，Reducing Emissions from Deforestation and Degradation）的监管，而海外投资保险在这一领域的制度安排也将在很大程度上与这一计划相一致（Pacific Environment 等，2013）。

随着我国“绿色项目”“绿色债券”的兴起，海外投资保险制度安排通过对新兴行业投资的支持，能够实现新兴行业投资与海外投资保险的良性互动。

本章小结

通过本章的分析，我们认为海外投资保险对于资源类投资的支持作用不仅体现在对于投资企业的赔付，也通过约束东道国、投资者自身的行为，降低风险事件发生的概率。在一定程度上对于东道国施加的约束，以及被风险叙述规范的投资者行为受到了伴随着海外投资保险安排的监管和管理框架的支持。海外投资保险的一个主要的特征是它包括在一系列监管安排中，这些安排试图影响投资项目的方案设计，并且不仅仅管理国外投资者与东道国政府的关系，也管理着外国投资者、东道国政府与地方团体三者的关系。因此，海外投资保险的意义，远超过保险本身。

总结本章内容，我们进一步发现，海外投资保险作为一种制度安排，其价值不仅体现为对于政治风险保障以及资产补偿方面，更加易被忽略且至关重要的价值在于其内在制度机理和功能的“政策性”属性对于宏观经济、国家政治乃至国家外交方面的意义。

依据以上分析，我们建议如下：

1. 在“一带一路”背景下，以资本输出为主要形式的对外开放进程已经取得了重大成果。海外投资保险作为资本输出的伴生物，应该成为一种常规性、普遍性的制度安排，继续扩大对中国企业跨境投资的风险覆盖范围。从跨境投资监管部门的角度，建议将海外投资保险作为风险管理的一种监管手段，提高企业境外投资的风险管理和风险管控的专业化水平。

2. 海外投资保险制度在调节和控制中国资本输出规模和结构中的作用应得到更广泛的认可和重视。在中央和地方政府层面，建议各级政府加强关于海外投资保险制度的统筹。此外，在发挥风险保障功能的基础上，政府和政府部门可以将海外投资保险作为其当地产业政策中的一部分，因地制宜、因时制宜，疏通和引导地方企业投资的行业和区域选择。

3. 建议海外投资保险机构进一步优化布局，加强渠道建设，重视与东道国政府部门的联络和沟通，依托中国的国际影响力，把握风险控制和管理节奏，发挥“政策性”优势，最大化地保障中国对外投资企业的投资收益；

4. 在“一带一路”金融联通的背景下，建议海外投资保险机构加强与多边出口信用保险机构、多边金融机构的交流与合作，在充分借鉴和学习先进理念的同时，在“资本输出”的基础上积极宣传中国的投资规则和贸易规则，成为中国“规则输出”的重要推手。

第十章

中国海外投资保险现状和发展趋势——产品创新角度

目前由中国出口信用保险公司提供的海外投资保险承保的政治风险主要包括汇兑限制、征收、战争及政治暴乱和违约风险，保单类型主要划分为海外投资保险（股权）保单和海外投资保险（债权）保单。在目前海外投资保险产品的基础上，本章将从承保风险细化和丰富、承保结构扩展、承保思路转变等方面分析海外投资保险的现状并对其发展趋势进行预判，进而阐述中国海外投资保险未来可能且可行的发展路径。

第一节　政治风险种类的细化、丰富及引致原因

目前中国出口信用保险公司提供的海外投资保险承保的政治风险主要包括汇兑限制、征收、战争及政治暴乱和违约风险四大类，见表10.1。但是，市场上投资者或保险需求者对其面临的政治风险类型以及风险的具体表现形式、政治风险背后的深层次引发原因却了解得并不是很充分。总体上来说，无论对于保险机构，还是对于投资企业，不仅有必要了解政治风险的表现形式，更需要了解引发这些风险的原因，以在风险发生之前及时采取行动，尽可能把风险损失降到最低。关于政治风险的种类，前文已做出了详细介绍。本节内容将从四大类风险的引致原因出发，帮助读者加深对海外投资保险的认识。

表 10.1　政治风险类型

战争及政治暴乱	恐怖主义、战争、暴动、革命、国内骚动、武装冲突、叛乱、蓄意破坏、暴动、政变、国家或国际武装的敌对行为以及保险人认定的其他战争风险
征收	项目企业的资产、生产场地、股权、收益遭到国有化、征收或没收； 东道国政府对于有效出口或经营许可证的取消； 项目企业对于财产或权利的强迫性放弃； 东道国政府将人力资源强制性驱逐出东道国； 东道国的立法和经济框架发生变化进而对投资者造成的直接影响（又称为监管风险），常见于清洁能源（光伏、核电等）领域，如： 1. 对于原材料收购价格的变化； 2. 影响项目运营能力的关键性税收变化或其他监管措施； 3. 对于项目的运营所必需的许可证的更新； 4. 对于碳份额生产或销售的不当干预（在联合国清洁发展机制标准下）； 东道国政府阻止企业恢复生产或对于物质资产的再出口（如机器、设备、运输工具、飞机等）的限制； 经济或公共机构功能的不稳定或失效，进而引发投资环境的恶化； 对项目企业施加经济责任，以至于项目企业预期利润无法实现； 仲裁裁决违约（Arbitral Award Default），东道国政府部门或私人机构对于仲裁裁决结果的不履行； 东道国政府对投资者发出的支付禁令或延迟偿付禁令； 东道国政府的腐败行为； 保险人认定的其他征收风险
汇兑限制	东道国政府或中央银行阻止当地货币对于硬通货的兑换； 东道国政府或中央银行阻止硬通货汇出本国； 东道国政府或中央银行阻止当地银行存款的转移或汇出； 东道国政府或中央银行实行歧视性汇率； 东道国政府的歧视性行为导致收益、资本、本金和利息、技术支持费用的汇兑无法实现； 保险人认定的其他汇兑风险
违约风险	支付类义务违约风险；如电力行业项下的购电协议，油气项下的服务费支付协议等； 非支付类义务违约风险，如港口、公路等基础设施行业特许经营权协议、矿产项下的产品分成协议、东道国政府为吸引外资，同企业签订的优惠政策协议等； 主权项下的金融违约风险； 保险人认定的其他违约风险

一、汇兑限制风险

从直接的表现结果来看，汇兑限制风险表现为东道国对投资者所有资本和货币的“限制汇出”和“限制兑换”。一国存在汇兑限制风险的主要影响因素为：

1. 国际收支情况

国际收支平衡表主要由经常账户、资本和金融账户构成，国际收支平衡意味着长期内，两大类账户不会出现显著的顺差或逆差。国际储备的主要来源即为经常账户顺差以及资本账户和金融账户顺差。若一国长期处于消费大于储蓄、资本外流的局面，则该国国际收支状况值得关注。

2. 对外债务情况

衡量一国债务状况的指标主要有绝对指标（外债总体水平）和相对指标（债务率、赤字率等）。以上两类指标均相对较高的国家，倾向于通过各种方式节约所持外汇储备，稳定国际债权人信心，偿付其短期和长期负债。

3. 币值稳定情况

在任何汇率制度下，币值稳定都是一国货币当局的理想目标。在一国货币汇率波动幅度较大的时期，国际资本将通过套利、套汇等投机操作对该国货币造成冲击。为了对冲国际“热钱”的影响，该国政府通常会出台临时性货币或汇率管制措施。

4. 经济运行情况

以经济增长率、通货膨胀率和就业率衡量一国的经济运行情况，一般情况下，当该国经济增长率较低、通货膨胀率较高时，本国货币作为经国家背书的信用遭到质疑。或是由于某种原因该国遭到国际制裁，货币的国际公信力下降，预计未来会发生大幅的货币贬值。贬值预期一旦形成，东道国政府随时会在公开市场或外汇市场上采取措施。

5. 汇兑限制历史情况

主要是指一国政府或中央银行对于货币兑换和汇出的公开态度，以及该国历史上是否发生过汇兑限制记录。通常情况下，汇兑限制风险与该国整体经济运行存在不可分割的关系。

企业在对东道国进行投资前，可以通过以上方面因素的分析对该国的汇兑限制风险进行事前评估。对于具体项目，投资者或被保险人通常可采取的风险抵补措施包括：项目主要收入币种为可自由兑换货币；项目在该国境外设有托管账户；该国给予投资者优先汇兑的保证；项目对该国国际收支平衡所起的作用等。

二、征收风险

征收风险可以分为直接征收风险和间接征收风险，一国存在征收风险的主要影响因素为：

1. 外商投资体系

外商投资体系是否健全包括三个方面的内容：一是政策法规是否完善；二是政策执行力是否有效；三是政策是否具有可持续性和连贯性。以上任一方面的否定都说明该国外商投资体系存在政策缺陷。

2. 投资准入条件

行业限制：受到限制的投资行业通常为关系一国国计民生、政治和军事敏感性的行业，如航天、金融、信息技术、通信、国防、养老、能源等；

投资者所有制限制：一国政府会对国外投资者的所有制形式作出规定，一般国内投资者的国有制比例越高，限制越多；

当地项目企业股权结构、股东个数限制：一些国家规定当地企业外资不能控股或规定一定的外资比例上限，有些国家对股东个数也做出了限制；

出资金额限制：对于部分资源依赖性国家，通常规定能源行业的外商投资金额总计不能超过规定金额；

土地所有权：有些国家规定外国投资者不能拥有土地所有权。尤其在并购项目中，土地所有权是收购方容易忽视的要素之一。

3. 财政状况

对于财政状况不佳或长期“入不敷出”的政府而言，任何方式获得的税收收入都将纳入其考虑范围内。在此情况下，显性或隐性的征缴税费都可能成为征收的一种形式。

4. 腐败程度

一国政府和官员的腐败程度也是影响征收风险发生的一个因素。腐败程度越高，政策透明度越低，“暗箱操作”方式不可避免。面临腐败现象，投资者无论采取何种应对措施，都将为投资项目造成额外成本。

5. 雇工问题

在外来员工与本地劳工雇佣选择方面，东道国政府通常规定了两者的最低比例范围以及企业对外来员工应尽的福利义务；

在雇工合法入境方面，多数国家规定需要办理外来工作签证。因此，最终投资母国员工能否顺利入境具有一定的不确定性。

6. 社会责任承担

对于投资规模较大的外商投资项目，东道国对于投资企业的社会责任都做出了规定，如修建道路、发电厂、学校和医院等。对于资源勘探类项目，当地居民甚至要求投资企业提供住房迁徙等补偿。对于投资者社会责任和应尽义务，东道国政府相关政策具有不可预期性。

7. 中央政府与地方政府的政策差异

在一些国家，由于地理位置、历史变革等原因，部分省（州）综合实力较强，具有较大的地方政府独立性，时有出现中央政府和地方政府政策不一致的情况。对于投资企业而言，按照国家标准获得的行政审批不一定适用于投资项目所在地地方政府。

8. 技术资质与国内差异

目前中国的技术标准与国际通用标准仍存在一定差异。即便国内投资企业对国外投资项目采用的国内惯用标准要高于项目当地技术标准，也无法排除东道国政府进行故意恶性征收的可能性。

9. 与中国政治、经济关系

政治关系方面，以思想意识形态、国际阵营矛盾等原因进行强制国有化的案例在20世纪屡见不鲜。尽管目前这种案例发生的可能性极大降低，但是思想意识形态的异同仍是影响中国投资者在国际商务活动中待遇的一个关键要素；

经济关系方面，中国对一国经济援助、进口规模较大时，该国政府做出征收决策时很大程度上会考虑带来的利害冲突；反之，对中国经济依赖性不强的国家，东道国政府一般较少有这一层面的顾虑。

企业在对东道国进行投资前，可以通过以上方面因素的分析对该国的征收风险进行事前评估。对于具体项目，投资者或被保险人通常可采取的风险抵补措施包括：项目社会影响良好，为当地经济发展做出贡献；解决当地就业，为当地员工提供技术培训；与当地股东合作经营；聘请当地法律顾问和技术顾问。

三、战争及政治暴乱风险

一国发生战争及政治暴乱风险的主要影响因素为：

1. 国内政治冲突

国内不同党派间从小规模的武装冲突演进为内战；不同武装力量之间的对抗；国内叛乱势力发起的武装冲突；政府与反政府武装冲突；分裂主义暴乱。

2. 政权交替

在一些国家，政权交替时期是爆发国内政治冲突的“集聚点”。尤其是强权政治领袖国家，其领导时代的结束对于其国内政治冲突的爆发是一个标志性的导火索。对于该类国家，即便强权领袖在位时期，国内政治局势较平稳，投资者也不能忽略这一政权交替时期的风险。

3. 边境冲突

边境冲突不仅体现为陆上领土冲突，领海权及其所附属的资源、能源冲突矛盾也表现日益激化。

4. 民族、宗教、文化冲突、恐怖主义、极端主义

从古至今，多民族、多种族、多宗教区域一直是战争及政治暴乱风险的高发地。近年来，极端宗教势力的猖獗活动更是证明了不同民族、宗教背后矛盾的“暗流涌动”。

5. 社会群体事件——罢工、游行

带有政治目的的社会群体事件的发生影响着当地投资企业的运营，小规模的罢工、游行会影响投资项目的正常经营，大规模的群体事件则升级为财产损坏、人员伤亡。

6. 排华势力

在一些国家，“中国威胁论”仍然占据社会舆论主流，当地民众和政府对中国投资者的敌视行为也较为普遍。

7. 国际大规模战争

国际大规模战争包括其他国家对一国发起的包括远程袭击、国内入驻武装部队等对一国造成大规模人员、财产损害的多种形式的战争。

相对于其他政治风险，投资企业对东道国战争及政治暴乱风险的可控性和掌握度较低。投资企业事前可增加安保措施来对可能风险进行防范。但是，在此情况下，事后的政治风险保险安排对企业财务上的补偿作用更为明显。

四、违约（合同违约）风险

在本书前文中已经提过，当国外政府或政府控制企业没有完全履行其合同或是完全拒绝执行对投资企业的义务以及仲裁决议的情况发生时，国外投资者会面临合同违约风险。

在违约风险中，东道国的签约主体是决定违约风险是否属于政治风险范畴的关键。对于大多数 ECA 机构，东道国签约主体也决定了其投资保险产品是否能够承保该项违约事件。因此，东道国签约主体的判定对于政治风险保险机构而言具有至关重要的意义。

一般情况下，对于东道国签约主体而言，需要履行的合约义务主要包括支付义务，以及 PPP 项目或能源、资源项目中经常涉及的特许经营协议中规定的非支付类义务等。

1. 对于东道国签约主体的支付类义务（如电力行业中签约主体在电力购买协议中对于电力购买的承诺）而言，若东道国签约主体属于主权主体，或是该支付义务获得了主权主体的担保，那么该项支付义务可以归属于主权债务。结合前文分析，此时，该项目中的违约风险可以自动纳入政治风险。

2. 对于东道国签约主体的非支付类义务，若东道国签约主体属于主权主体或是东道国签约主体获得了主权主体的承诺或担保，则该项目中的违约风险也可以自动纳入政治风险。

在现实情况中，非洲、拉美等大部分国家债务负担较重，国家财政预算会受到第三方援助方（如 IMF、世界银行、发达国家援助贷款等）的债务约束。因此，在资源开发、电力或基础设施行业中，对于该类国家的政府部门或机构，为支付类义务提供主权债务或主权担保的做法已经丧失了可能性。尽管如此，金融或财政方面承诺的不可能并不导致该国主权信用的完全实效。

为了促进东道国当地的经济发展，实际上，主权信用仍是项目风险判断中不可或缺的一部分。在目前阶段，受到债务约束的东道国政府更倾向于向国外投资者提供政策支持、税收优惠等保证项目正常运营的支持类的承诺义务。与主权债务和主权担保造成的财政和货币成本不同，一旦东道国政府无法继续遵守承诺，其面临的是国际声誉和国际影响成本的损失。

因此，对于大部分发展中国家而言，该种情况下东道国政府对于此类承诺的违约，将是未来判定和把握违约风险中的重要方面。

3. 对于东道国签约主体的支付和非支付义务而言，若经过前文第二章描述的判定标准无法判定其签约主体属于主权主体，此时可以考虑以下因素，就违约风险是否属于政治风险进行判定。

(1) 事后出险原因

若造成东道国违约的事件属于政治事件或带有明显的政治性目的，则此种情况下的合同违约风险可认定为政治风险。

(2) 行为性质

从东道国主体与国外投资者签约这一行为的性质来判断，若该领域属于东道国私人或私人交易无法进入或涉及的领域，那么有理由相信，该签约行为属于国家行为。因此，通过行为性质可以判定合同违约风险属于政治风险；另外，东道国主体与国外投资者签约时，如果签约双方显著地处于不平等地位，即东道国主体话语权明显高于投资者，这类行为中的东道国主体多带有行政、命令色彩，则此时的合同违约风险也属于政治风险。

(3) 行为目的

若东道国签约主体的签约行为带有公共目的，则可以认为合同违约风险属于政治风险。例如，该项行为属于提高多数人福利的道路、桥梁等基础设施建设、出售资产以用来赈济灾民等交易活动。尽管其中有些合约从行为性质来看，政治属性并不明显，但是其目的带有明显的公共利益属性。因此，签约行为满足公共利益目的，一旦发生合同违约也可被认定为政治风险。

第二节　海外投资保险产品结构现状

如前所述，中国出口信用保险公司目前提供的海外投资保险产品主要分为海外投资（股权）保险和海外投资（债权）保险，保险标的分别为国内投资者对国外投资项目的股权投入、境内放款（如以股东贷款的形式）以及国内银行对国外项目企业的贷款，主要投融资和保险结构如图 10.1、图 10.2 所示。图 10.1 中的结构为为国内投资者提供的海外投资股权和境外放款保险，图 10.2 中的结构为为国内银行提供的海外投资债权保险。图 10.1 中承保的股权投入也包括由代持协议所产生的股权关系，境外放款包括了股东贷款以及关联公司的贷款等形式。

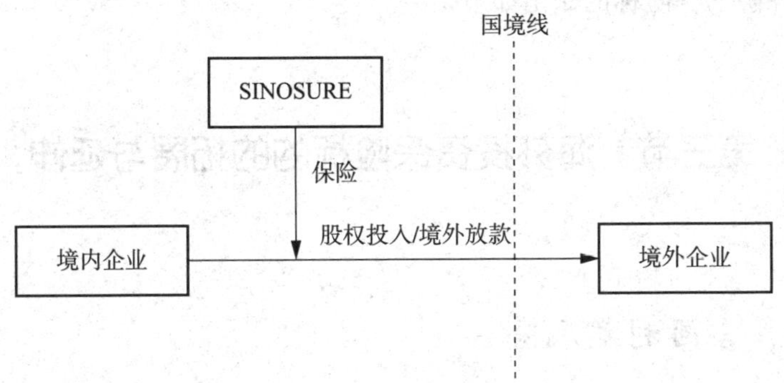

图 10.1　海外投资（股权）保险/海外投资（境外放款）保险

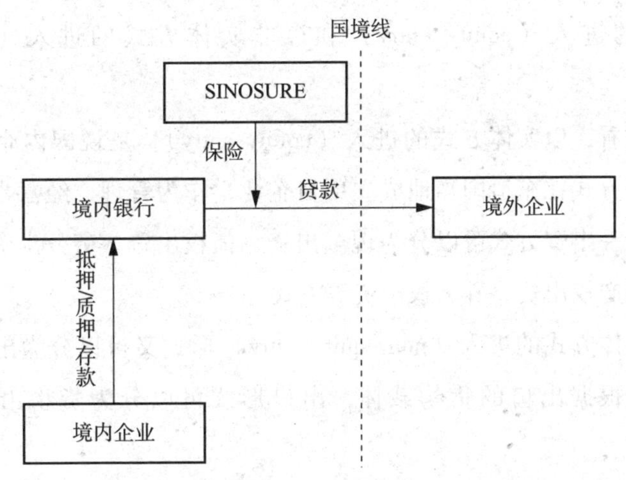

图 10.2　海外投资（债权）保险

事实上，我国海外投资保险产品模式的固化和陈旧已屡遭诘难，国内关于海外投资保险创新角度的探讨几乎乏善可陈。从以上承保模式来看，我国海外投资保险承保标的主要集中为股权投资以及附着在股权投资层面上的债权投资。而随着国内金融发展水平的深化与广化，跨境项目的投融资模式不断丰富，市场上新的投资、融资路径和结构不断被创造出来。为了满足各方需求，海外投资保险产品也应该推陈出新，不断丰富承保的保险标的，以更好地服务到企业“走出去”这一大的经济背景中去。在下一节中，本书将结合目前跨境交易中较为常见的投资形式和交易结构，对海外投资保险的保险标的做出如下拓展。

第三节 海外投资保险标的的拓展与延伸

一、合同利益风险

根据 Root（1994）对于跨国公司对全球市场的市场进入（global market entry）方式研究，可以将跨国公司对于国外市场的投资方式划分为以实体方式的进入（equity entry）和以非实体方式的进入（non-equity entry）。

具体来看，以实体方式的进入（equity entry），是说国内企业通过股权、债权等方式在东道国当地成立项目企业，作为管理、经营当地项目的实体，而这一出资方式可以分为现金出资、债权出资、劳务出资、特许权出资、知识产权出资、姓名权出资等方式。

以非实体方式的进入（non-equity entry）形式又可以分为出口和合同利益进入。根据出口的货物载体，出口形式可以分为货物出口和服务出口。

通过合同利益方式进入东道国市场主要可以体现为跨国公司与当地企业或政府部门签订特许经营合同、服务合同、管理合同、产品分成合同、技术协议合同等非贸易安排形式的合同，跨国企业进而通过合同获取收益。通过此种方式进入东道国市场，跨国公司虽未在当地成立投资实体，但是其通过签订合同安排同样能够获得投资利益。从中国企业“走出去”并进入国外市场的意义考虑，合同利益也可以看作海外投资保险的承保标的中的一部分。

如中国企业以 TOT（Transfer-Operate-Transfer）形式获得东道国基础设施的经营权。在第一个“T”中，基础设施已经建成运营，由于东道国政府资金、技术水平有限，无法对其进行及时更新改造。此时，东道国政府将该项目经营权转移给中国企业，并约定特许权期限内，中国企业享有基础设施的所有权和受益权。在该种投资模式中，中国企业可能并没有在当地建立实体，但确实享有由于投资获得的收益。

二、内保外贷结构中的担保风险

2017 年 1 月中国人民银行发布了《关于全口径跨境融资宏观审慎管理有关事宜的通知》（银发〔2017〕9 号），其中大幅降低了金融机构办理的内保外贷额度的占用，由原先的100%调整至20%："金融机构向客户提供的内保外贷按 20% 纳入跨境融资风险加权余额计算"。根据 9 号文新规，金融机构办理的内保外贷需要按 20% 占用自身的全口径跨境融资额度，银行类法人金融机构的全口径融资额度为一级资本的 0.8 倍，非银行法人金融机构的额度以资本（实收资本或股本 + 资本公积）为限，外国银行境内分行的额度为运营资本的 0.8 倍。

随后，外管局下发了《关于进一步推进外汇管理改革完善真实合规性审核的通知》（汇发〔2017〕3 号），明确了允许内保外贷项下资金回流境内："允许内保外贷项下资金调回境内使用。债务人可通过向境内进行放贷、股权投资等方式将担保项下资金直接或间接调回境内使用。"

这两项规定的发布预计对内保外贷业务带来较多的正面影响。金融机构内保外贷额度的放大，再加上资金回流限制的放开，无论是对于跨境交易架构的设计还是企业境外发债来说都将孕育着更多的市场机会。在未来的跨境投资项目中，内保外贷的融资模式预计也会越来越多地得到广大投资者的青睐。

内保外贷属于外汇管理体系中跨境担保的一种。从字面意义上理解，"内保"指境内担保，"外贷"可以理解为境外贷款或者境外融资，即该笔贷款的债务人和债权人均在境外，担保人在境内的模式。内保外贷通常由境内的主体为境外的借款人做担保，一旦境外的借款人无法偿还国外的债务，那么境内的担保人就要履行担保义务，将资金汇出境外用于向海外的贷款人偿还这笔境外债务。正是由于内保外贷业务中一旦保函履约，就会发生实际的资金出境。因此，内保外贷业务必须纳入外汇管理的体系内。

相对于境内直接贷款，内保外贷的优势可以表现为：(1) 境内银行内保外贷的担保额度不需要逐笔审批，缩短了业务流程，方便其发展跨境业务；(2) 对企业来说，国内外存在利率价差，国外利率低融资成本较低。内保外贷可以让企业凭借其境内的实力来支持海外业务的发展，获得较为便宜的外币贷款。

在内保外贷业务中，国内企业可以通过境内的母公司提供反担保向境内银行申请授信，反担保的方式有现金质押、财产抵押、权利质押及信用授信四种方式。反担保申请批准后，在担保额度内，境内银行为该公司向境外分行或代理行借款提供担保，开立备用信用证或银行保函。境外银行根据境内银行的担保为企业提供境外融资。

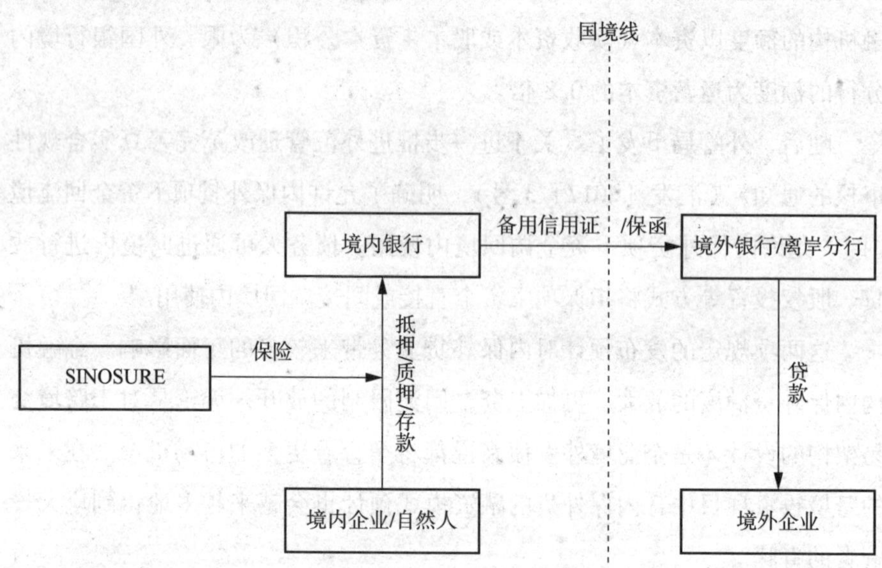

图 10.3　内保（存）外贷结构中的海外投资保险

在未来的在内保（存）外贷结构中，中国出口信用保险公司可以为境内企业为境内银行提供的抵押、质押、存款等担保形式承保海外投资（担保）保险。一旦境外企业无法按时还款，境外银行首先兑付境内银行开具的信用证或保函；境内银行进而要求境内企业履行担保义务，以弥补境外企业的欠款损失；境内企业担保履约之后，在损因范围内，由中国出口信用保险公司向境内企业保险赔付。

三、跨境并购项目交割风险

近年来，中国企业以并购为主要投资方式的跨境直接投资发展迅速。对于并购方而言，与绿地投资不同，跨境并购涉及的道德风险和交易风险更高。如并购交割前，由于东道国政府部门对并购交易采取政策歧视措施，从而导致并购协议无法按时生效，并购交割无法及时完成。事实上，这一风险完全超出并购方和被并购企业的控制范围之外；从不可预期性的角度考虑，其属于政治风险范畴内。在此类情况下，该类风险并不属于并购交易方任何一方的过失，并购主体双方均无法对此类风险采取有效的救济措施。因此，对于并购交易失败的损失通常由两者自行分担。

在海外投资保险制度安排下，对于以上并购交割前的风险损失可以采取一定程度的赔偿和风险分担，这一交易失败风险未来预计可以成为海外投资保险的承保标的中的一部分。

四、主权金融责任的非承兑风险

目前，苏黎世保险和 MIGA 均在投资保险产品框架体系内提供主权金融责任的非承兑风险（Non-honoring of Sovereign Financial Obligations, NHSFO）。以 MIGA 为例，这一保险产品的主要作用在于：降低主权借款人的融资成本、为主权借款人提供长期融资，以及在巴塞尔协议Ⅲ的框架内降低金融机构的资本金约束，提升金融机构的贷款能力。这一保险产品的主要受益人是为主权机构提供借款的商业借款人，NHSFO 保护借款人由于政府由于还款能力或还款意愿无法按期支付还款或履行其担保义务导致的损失。NHSFO 需要投资者获得仲裁裁决，这一条件是被保险人提出索赔的前提条件。MIGA 规定，在 NHSFO 项下，只有当主权的付款责任是无条件的且无抗辩性的，这意味着一旦付款责任到期，主权机构从法律上无法对抗这一事实。

MIGA 提供的 NHFSO 的主要特征是：

1. 承保期限为 15 年，部分项目承保期限可达到 20 年；

2. 主权机构责任合法；

3. 诉讼和支付时限受限于规定的等待期。

2010 年 12 月，MIGA 向德国 WestLB 银团提供保险金额为 1950 万美元的 NHFSO 保险，承保了伊斯坦布尔市政部（MMI）为 WestLB 向伊斯坦布尔电力电车和通道公司的贷款提供的担保。这一项目主要涉及公交车站到居民区之间轻轨通道的延伸。WestLB 后来继续向 MIGA 申请承保其贷款金额的扩大，伊斯坦布尔市政部作为直接借款人，保险金额为 4 亿美元，MIGA承保了 MMI 对于贷款本金和利息的违约风险。

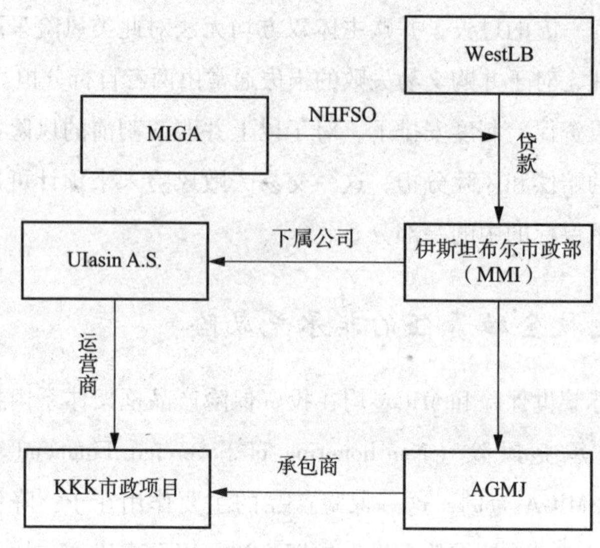

图 10.4　伊斯坦布尔地铁系统扩增项目承保结构

根据本书的分析，主权风险从行为主体的性质来看，属于政治风险的范畴。因此，MIGA 提供的 NHFSO 应属于政治风险保险中的一种。目前，中国各类主权财富基金、专项基金规模不断增大，民营银行牌照也已相继放开，产、融、投相结合的综合类金融机构向国外主权机构提供融资的行为将会越来越频繁。国内的海外投资保险未来应该充分考虑这类金融机构的投资利益，借鉴 MIGA 的 NHFSO 承保模式，对国内机构境外贷款面临的政治风险给予积极承保。

五、海外人员安全风险

2017年6月以来，中国海外工作人员遭遇监禁和杀害事件为中国企业对其工作人员的安全保障敲响了警钟。

2017年6月1日，赞比亚铜带省基特韦市和钦戈拉市的7家中资民营矿业公司31名中国员工因涉嫌非法购买铜矿原料被赞比亚移民局和警察局抓捕，先后关押在恩多拉警察局看守所和基特韦卡芬萨监狱。据铜带省涉事企业员工反映，抓捕时，赞警方并未说明原因、不出示执法证件并且是武装押解。

这次事件的起因是赞比亚警方此前在孔科拉铜矿公司钦戈拉矿区驱赶盗采矿石人员时，击毙2人，激起当地民众的抗议活动。赞比亚铜矿资源丰富，当地居民非法盗采矿石的情况并不少见。这些矿石一般被卖给当地的小矿企，其中也包括一些中国公司。中国公司不好确定矿石的真实来源。因此，当地政府认为是中国公司的行为导致盗采矿石的情况发生。一直以来，赞比亚政府都默许当地人在开采价值较低的尾矿挖矿，这些矿石大部分被中国公司收购。此前，孔科拉铜矿公司等当地矿业公司没有重视尾矿，如今却想收回这些尾矿，因此向政府施压，禁止当地人挖矿。收购尾矿的中国公司因此受到牵连。6月6日，经中国驻赞比亚使馆和赞比亚华侨华人总会的协调下，31名中国员工已被释放回国。

2017年6月9日，伊斯兰国（IS-IS）杀死了5月24日在巴基斯坦西南部的俾路支省绑架的两名中国公民。巴基斯坦是“一带一路”沿线的重要国家，近年来前往巴基斯坦的中国人人数不断增加。而巴基斯坦南部地区，居住着众多的中国公民，他们中大部分是参与中巴经济走廊建设的工作人员。

过去面临恐怖主义和绑架事件攻击的主要是以美国为首的西方国家。但现在世界局势正在发生变化，无论是特朗普的上台，还是英国脱欧、欧洲大陆民粹主义的抬头，逆全球化和保守主义的到来，最显著的标志就是首先要确保自己本国的利益，并逐渐从一些高风险地区撤出。而中国现在作为推动全球化的领军国家，在海外面临的安全威胁也预计会不断攀升。

越来越多的中国人正在大量走向海外，也走向了一些政治和经济上缺乏稳定的国家和地区，在此背景下，保卫海外中国居民的安全，成为国家面临的新的严峻挑战。无论是国家层面，还是企业层面，对于海外工作人员安全问题的重视均是跨境投资的一个必选项，也是一个必然的趋势。

在跨境投资或海外工程项目中，为了降低投资阻力，越来越多的国内投资者倾向于雇佣当地劳动力。但是，由于技术、管理经验等因素的考虑，目前，海外项目仍需要大批的国内人员常驻于海外项目基地。为了保障这些人员的人身安全，政府层面以及各地领事馆已经做出了大量的工作和努力，如出台《境外中资企业机构和人员安全管理规定》《中国企业海外安全风险防范指南》《中国领事保护和协助指南》以及即时的风险信息提示等。

回顾中国企业的海外投资历程，从2006年开始，中国正式开启了资本“走出去”的时代浪潮。短短十余年的时间，并不足以完全让中国企业学会对遇到的各类风险都能做到从容应对，尤其是对于工作人员人身安全的保障方面。资料显示，中国境外企业的安保措施以及安保费用支出都要远远低于当地投资企业平均水平。

近年来，绑架、勒索、恐袭事件层出不穷，亚欧大陆经济、政治层面的“大缓和”局面已经被彻底打破。相对于商业风险，境外企业人员安全受到威胁事件的发生具有极大的不可预测性。一旦人员伤亡发生，企业几乎没有有效地风险抵补措施，对企业将会造成较大的负面影响。

最后，仅仅从财务角度而言，人员伤亡导致的损失要远远高于财、物的损失。如人员安全引发的损失通常包括：赎金及其在途损失；危机管理费用；潜在的法律责任；事件应对和善后处理的额外费用等。

因此，从中国海外投资企业经验、人员安全风险属性、财务损失等方面综合考量，都需要提供一种专门覆盖由政治风险引致的海外人员安全威胁的保险产品。承保政治险的海外投资保险，在这一方面具有天然优势，在保障境外投资企业财、物等资产安全的基础上，进一步保障“人”这一重要生产要素的人身安全。

六、人民币境外投资风险

2008年全球金融危机暴露了美元主导下国际货币体系导致的全球失衡，国际货币体系改革逐渐成为国内学术界关注的焦点。重新构建国际货币体系，实现多元化的货币体系格局是包括中国在内大多数国家的共同愿望。作为世界第二大经济体，人民币国际化有利于取得与中国经济地位相匹配的货币地位，有助于实现国际货币体系的多元化改革，反映出中国主动承担大国责任和提供公共产品的责任担当，同时与推进“一带一路”倡议相辅相成，是符合中国自身利益的现实选择，具有深远的战略意义。人民币国际化的未来路径可以分为以下几种。

首先，对以上大宗商品的产业链条进行延伸。在部分资源禀赋丰富的发展中国家，由于本国开发技术水平的限制，国内企业往往无法充分开采和利用当地资源。此时，中国的EPC承包商可以利用其技术优势和成本优势帮助该国开发其国内资源。如果中国EPC承包商的中国成分比例达到一定程度，则国外资源出口方获得的人民币收入可以直接支付给中国EPC承包商，从而双方均可以规避货币兑换的汇率风险。如图10.5所示，箭头指示方向代表人民币资金流的流向（下同）。

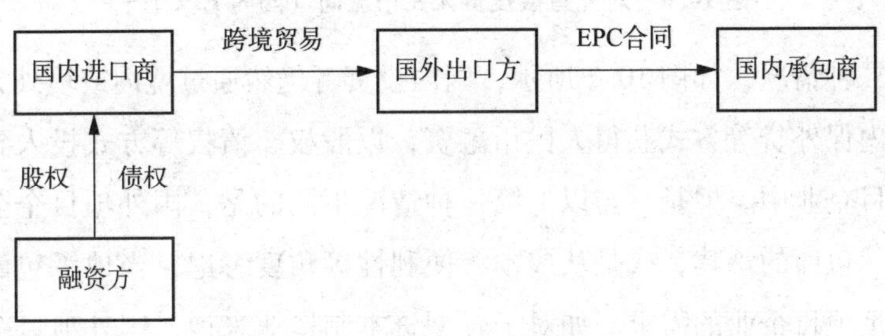

图10.5　大宗商品贸易人民币流向

其次，2015年以来，我国首次成为资本净流出国。根据商务部2016年底的消息发布，2016年，我国境内投资者全年共对全球164个国家和地区的7961家境外企业进行了非金融类直接投资，同比增长44.1%。同时，2016年人民币跨境直接投资结算业务2.46万亿元人民币，其中对外直接投资 1.06 万亿元人民币。

从国内企业对外直接投资的流出来看，采用人民币结算的对外直接投资可以通过以下两种途径。针对图 10.6 中现实的人民币流向，可以对人民币境外投资提供相应的保险产品。

第一种情况，如图 10.6 所示，国内投资者通过境内或境外人民币贷款、内保外贷等方式获得人民币融资，以股权或债权等方式投入东道国的项目企业中。在当地法律许可或其他条件具备的基础上，国外项目企业可以选择国内的 EPC 承包商进行项目的施工建设。此种模式在大型综合性基建集团中尤为常见，如中交建、中国石油等大型综合类企业经常会选择本集团内的 EPC 承包商对其海外投资项目进行承建。同样，国内企业人民币投资通过国外项目企业最终将支付给国内 EPC 承包商，从而完成了对外直接投资中人民币的流出以及回流，形成了境内—境外—境内的循环路径。

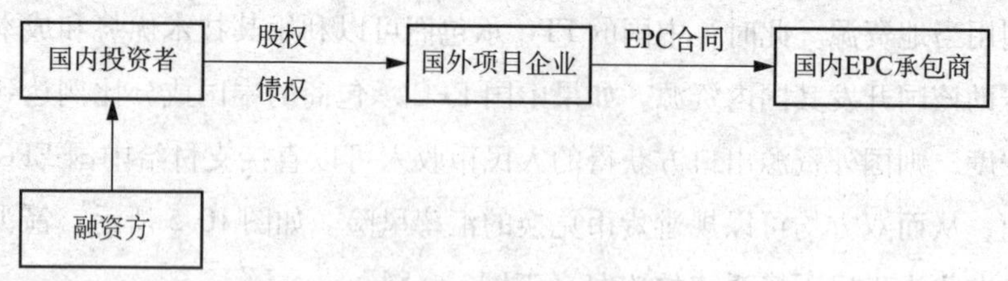

图 10.6　对外直接投资人民币流向（国内 EPC）

第二种情况，如图 10.7 所示，国内投资者仍然通过境内或境外人民币贷款、内保外贷等方式获得人民币融资，以股权、债权等方式投入到东道国的项目企业中。但是，与以上第一种情况不同的是，国外项目企业可能不需要承包商的承建，或是从成本、便利性等角度考虑，当地承包商更加能够满足项目企业的需求。如对于轻型资本制造业来说，国外项目企业的主要营业支出是人力支出、原料支出或日常费用支出。若国外项目以人民币作为支付货币，人民币的最终接受方应为当地企业或居民。

当地企业或居民持有人民币之后，可以通过三种方式实现货币的交易媒介或储备功能。其一，对于东南亚地区与中国经贸联系较紧密的国家，以及边境贸易频繁的国家，人民币对当地货币具有一定替代性，当地居民或企业可以直接通过人民币小额支付等方式实现人民币的支出；其二，对于中国商品具有进口需求的东道国当地企业，其可以直接将人民币支付给中国出口方，通过跨境贸易方式实现人民币的回流；其三，对于大部分国家，由于在账本和金融账户项下，人民币仍为不可兑换货币，人民币境外结算行和业务参与行在一定程度上解决了这一问题。

当地企业或居民无论是选择持有人民币存款还是直接兑换为本币或美元，都需要境外结算行的参与，最终人民币将会在境外结算行进行沉淀。境外结算行对其经由各种方式吸收的人民币，将依据市场上的持有成本和收益情况进行对比：如人民币境外可投资产品收益较高，此时境外结算行可以直接投资人民币债券等产品；若当地人民币需求较强，境外结算行可直接授予人民币贷款，投入当地信贷市场；除了以上两种选择，境外结算行也可通过人民币结算系统，直接与人民币境内结算行进行人民币资产账户的划转。

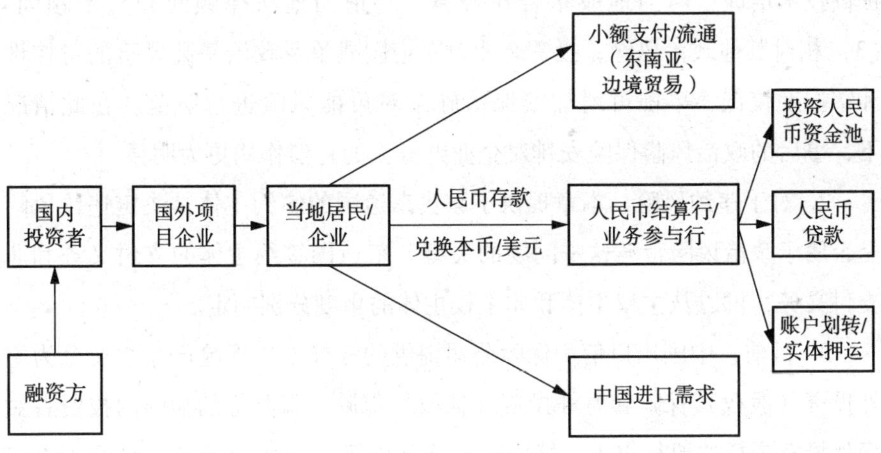

图 10.7　对外直接投资人民币流向

在目前的海外投资保险中，中国出口信用保险公司仅针对股权和债权两种投资方式对国内投资者的政治风险予以承保，且保单货币币种多为美元、英镑等国际货币。对于文中提到模式的对外直接投资，中国出口信用保险公司同样可以提供人民币保单保险，对国内承包商的收款风险进行承保。对于对产业园区的投融资或是与产业园区企业的贸易交易，可以设计恰当的人民币跨境投资保险，在有效促进人民币国际化的基础上，充分保障中国企业的利益。

本章小结

1. 海外投资保险承保的典型的政治风险类型主要包括汇兑限制风险、征收风险、战争及政治暴乱风险和违约风险。经过对政治风险影响因素的分析，我们建议，（1）对于汇兑限制风险，投资企业可采取的常用风险抵补措施包括：项目主要收入币种为可自由兑换货币；项目在该国境外设有托管账户；该国给予投资者优先汇兑的保证；项目对该国国际收支平衡所起的作用；（2）对于征收风险，投资企业可采取的常用风险抵补措施包括：项目为当地的社会和经济发展做出贡献；解决当地就业，为当地员工提供技术培训；与当地股东合作经营；聘请当地法律顾问和技术顾问；（3）相对其他政治风险，投资企业对东道国战争及政治暴乱风险的可控性和掌握度较低，事前可增加安保措施来对可能风险进行防范。在此情况下，事后的政治风险保险安排对企业财务上的补偿作用更为明显。

2. 对于违约风险，本章提供了解决东道国的签约主体是决定违约风险是否属于政治风险范畴这一问题的关键。东道国签约主体的支付义务和非支付义务，可以从主权主体和非主权主体的角度分别判定。

3. 目前，中国出口信用保险公司提供的海外投资保险产品主要分为海外投资（股权）保险和海外投资（债权）保险，保险标的为国内投资者对国外投资项目的股权投入、境内放款（如以股东贷款的形式）以及国内银行对国外项目企业的贷款。

4. 本书在我国目前的海外投资保险类型基础上，结合内保（存）外贷、跨境并购以及主权金融责任的非承兑等结构，对海外投资保险未来的承保结构的扩充和拓展提供了建议。

5. 为了保障中国海外工作人员的人身安全，我们提出，承保政治险的海外投资保险，在这一方面具有天然优势，在保障境外投资企业财、物等资产安全的基础上，未来能够进一步保障人这一重要生产要素的人身安全。

6. 从人民币国际化的角度，尽管目前从宏观层面，中央政府已经为提高人民币国际化程度做出了诸多努力，如利率市场化条件进一步放开、汇率制度的市场化改革、沪港通、债券通新型人民币投资产品的开发等等。未来，在微观层面，应从融资成本、税收政策、信用保险等方面出台优惠和便利措施，引导微观企业有动力在跨境贸易和投资交易过程中广泛应用人民币计价和结算，加强人民币国际化的微观驱动力。本章对于保险机构提供人民币保单产品做出了初步探索。

第四篇

第十一章

结论、启示和展望

第一节　结论总结

全书主要内容共分为三篇，共十章内容。本章单独作为第四篇。

第一篇由第一章“国家风险、主权风险和政治风险的范畴界定”和第二章“不同政治体制下的主权认定和主权履约意愿”两章内容构成。第一篇解决的是国家风险、政治风险、主权风险三者的定义以及三者之间概念范畴的关系，以及在此基础上，主权风险中关于“主权主体”的认定问题，以帮助涉及跨境交易的各类机构更好地了解所谓“主权项目”的内涵以及在交易中遭遇的可能风险。

第二篇包括第三章“跨境直接投资理论和中国对外投资发展现状”、第四章“跨境直接投资过程中面临的政治风险类型”、第五章“国际投资体系规则和应用”和第六章“跨境直接投资监管框架”四章内容。第二篇从中国企业境外直接投资的现实出发，论述了支撑全球跨国公司以及中国企业进行大规模跨境直接投资的理论解释、跨境投资过程中经常会遇到的政治风险、争端解决中涉及的国际投资体系规则以及国内对于跨境投资目前的监管框架，遵循了“跨境投资理论—实践和国外政治风险—国内合规监管”的分析体系。

第三篇包括第七章“资源类跨境直接投资与政治风险——‘自然资源诅咒’”、第八章“征收和合同违约风险的分析框架和影响因素”、第九章

“海外投资保险对资源类海外投资的作用机制”和第十章“中国海外投资保险现状和发展趋势——产品创新角度”四章内容。本书第三篇从海外投资保险的角度，以境外直接投资中占据重要地位的资源能源类海外投资为例，提出了征收风险和违约风险的分析框架，进而挖掘海外投资保险这一制度安排一直以来易被忽视的潜在价值。尽管如此，国内海外投资保险发展仍较为缓慢，尚不足以满足市场上的需求。基于此，本篇最后一章也探讨了海外投资保险未来可能的创新模式和可开拓的承保思路。

具体来看，本书第一章经过相关文献的梳理，经过论证，认为国家风险由经济风险、政治风险和金融风险构成，政治风险是国家风险中的重要组成部分，而主权风险又特指主权债务未偿付或未按期偿付中的违约风险，属于政治风险的范畴。

本书第二章以法律和政治学基本理论为分析逻辑，认为主权是近代国家构成的重要因素之一，一般被定义为国家对外独立自主和进行自卫、对内行使最高权力的能力。在跨境交易中，一国政府的决策过程实质上是对实施某一项政策的成本收益进行分析的过程，而在政府是否选择偿还债务的决策中，理性的政府行为是比较履行偿债义务的成本收益与不履行偿债义务的成本收益，相关权益方为了控制或规避主权债务违约，需要对不同政治体制下主权债务主体资格具备清晰的认识。最后，第二章得到了不同政治体制下主权认定的判定标准和规范。

本书第三章在分析目前中国境外直接投资的概括和特征之后，对不同发展阶段国家的海外投资理论进行了综述。值得注意的是，作为发展中经济体中的一员，中国目前已经步入了资本净输出阶段，但是对于对外直接投资理论的适用性仍有待观察，不能单纯地采取“拿来主义”。

本书第四章通过对于政治风险的动因、影响因素和表现形式的文献梳理，并在此基础上就国际ECA可保政治风险类型进行概括总结，最后提出了政治风险的判定标准。本书得到，政治风险具有动态性特征，与政治风险的动态性相一致，国际ECA的赔付事件发生频率也表现出随着时间变化而变化的特征。

本书第五章主要分析和概述了国际投资争端解决中的国际投资规则，

并着重对比了双边投资协定（BITs）和政治风险保险（PRI）在条款设置、投资人义务等方面的区别，进而帮助国内企业在对风险控制工具进行全面认识的基础上，做出有利于自身的风险管理方案。

2016年下半年以来，跨境投资监管部门和国内外媒体陆续传出加强跨境投资监管的相关消息，监管思路由“积极支持”向“防控风险”转变。在此背景下，结合最新关于境外投资的指导意见，本书第六章介绍了境外直接投资的主要监管规则，并对未来监管政策取向做出预判。

本书第七章以能源资源行业为例，从“自然资源诅咒”的角度，阐述了资源类对外直接投资与政治风险之间的关系。我们认为资源行业的一些“先天特性”决定了资源类行业投资通常伴随着较高的政治风险这一特征。一般而言，与预期相反，多数自然资源丰富的国家通常伴随着低水平的经济发展、民主程度低的政治体制与频率较高的政治暴力，健康、卫生、教育、平等等条件指数排名居于全球底层序列。因此，无论是从投资企业角度还是保险机构角度而言，自然资源丰富国家的政治风险普遍较高。

本书第八章讨论了东道国征收风险和合同违约风险（统称为政府违约）的分析框架和影响因素：经济危机、对于政府名誉的关注和对IMF等多边机构支持的依赖、自然资源的价格和产量均会影响征收决策或征收发生的时机；对于合同违约而言，从特定合同层面和宏观层面观察其影响因素，其中合同层面的影响因素包括：合同执行周期、项目所有制结构、项目获取方式以及国际金融机构的参与程度；宏观层面的影响因素包括人均收入、GDP增长率、东道国政治体制以及资源价格周期。

本书第九章认为海外投资保险对于资源类投资的支持作用不仅体现在对于投资企业的赔付，也通过约束东道国、投资者自身的行为，降低风险事件发生的概率。在一定程度上对于东道国施加的约束，以及被风险叙述规范的投资者行为受到了伴随着海外投资保险安排的监管和管理框架的支持。海外投资保险的一个主要的特征是它包括在一系列监管安排中，这些安排试图影响投资项目的方案设计，并且不仅仅管理国外投资者与东道国政府的关系，也管理着外国投资者、东道国政府与地方团体三者的关系。

本书第十章将中国出口信用保险公司提供的海外投资保险作为研究出

发点，在其保险产品的基础上，结合内保（存）外贷以及主权金融责任的非承兑等投融资结构、目前亟须解决的海外人员人身安全问题，以及人民币国际化战略背景，为海外投资保险未来保险产品的创新提供了建议。

第二节　启示和展望

一、从中国跨境投资企业的角度

对于目的地为拉美、非洲等发展中国家的中国境外投资，战乱频发、市场机制不完善、金融体系不健全是这类投资目的国的普遍特点；而对于目的地为欧洲、美国等发达国家的国内境外投资，政府干预手段具有极大的隐蔽性，如通常会涉及国家安全、环境标准等。因此，从全球范围内，对于中国企业来说，永远并不存在对外投资的“理想国别”和“理想行业”。在这一意义上，中国投资企业唯一的出路唯有“迎难而上”。

从笔者所调研企业和所了解到的现实情况来看，目前在中国企业中普遍存在以下现象：

1. 对于大型国企，由于其资金出海较早，目前已经积累了相对丰富的海外运营经验。因此，其对于境外投资的政治风险存在一定的认识。尽管如此，部分国有企业对于其风险防控能力的自信心显得过于充足，结果导致其海外投资项目遭遇了惨重的损失，近年来大型国企“走出去”经历失败的案例并不少见。

2. 对于大中型民企，有相当一部分的企业企图通过与东道国政府官员的私人关系来规避其境外项目可能遭遇的政治风险。在目前全球政治形势发展和变迁如此迅速的环境中，该种处理方式也面临着巨大的挑战。因此，值得注意的是，从现实经验来看，一旦境外投资项目受到社会和民众的质疑，少数政府官员根本无法左右项目的未来进程，也难以兑现之前的任何承诺和保证。

3. 对于境外投资经验较缺乏的小型民营企业，往往对其首次境外投资目的地、运营等情况的风险认识不足，对政治风险的变化更加不够敏感。由于民营企业实力较弱，资金有限，对于当地的法律、政治环境并不能够完全把握，在很多投资项目中，做出境外投资的决策基本是由企业核心领导的个人想法所决定和左右的。

针对以上现象和正文中的理论铺垫，本书建议，不同类型的中国企业应该结合自身特点，针对投资项目的所属行业、所在国别的具体情况和特点，对其投资决策进行详尽考量。具体来看，一方面，对于规模水平相当、财务状况较好的企业，可以考虑将其风险转嫁给专业的保险机构；另一方面，对于中小企业的海外投资，可以积极寻求国内政府和政策层面的支持和补贴，向政策性保险机构咨询国别、行业信息并积极寻求承保。

二、从政策当局和监管机构的角度

目前，在我国国内资产配置选择有限的情况下，开拓境外市场机会已成为国内投资者一个较好的选项。从政策当局和监管机构的角度，与防范金融风险目标相权衡，对于对外投资既需要有效监管，同时也需要政策的及时引导，对于某些新现象和新业态“宜疏不宜堵”。目前，对外直接投资的国内审批程序已经得到了很大程度的简化。尽管如此，在合规性具备的前提下，与资本账户开放相适应，对外直接投资的审批程序仍有进一步简化的空间。

此外，政府层面应充分认识到海外投资保险这一制度的“政策性”价值，在现有基础上，赋予其更加广泛的公共管理职能，充分利用好海外投资保险的基本价值和潜在价值。

在“一带一路”战略构想和人民币国际化的背景和目标下，建议国家各部委统筹协调，在“一带一路”沿线国家，对人民币的境外直接投资开放“人民币直投式点”，与境内自贸区建设相结合，促进人民币在“一带一路”沿线国家的流通和使用。而此时海外投资保险可以作为有力的政策引导工具和风险管理工具。

三、从跨境投资风险保险机构的角度

无论是政策性保险机构还是商业性保险机构，目前国内对跨境投资保险险种的开发仍较为初期。首先，市场上的保险产品极其有限，承保结构陈旧；此外，风险需求与保险供给容易出现错配，即企业需要的风险无法得到承保，而现有的保险种类对于企业并没有太大的吸引力。政治风险的动态性以及不同的表现形式要求境外投资保险机构要时刻依据市场需求，创新产品，争取做到市场需求的“引领者”，而非“追随者”。

作为风险保障的工具，境外投资保险的作用实际上是潜移默化的：在实践中，从全球海外投资保险业务的角度来看，目前赔付案例相对有限，但是这一点正是体现了海外投资保险对于东道国政府、投资行为的约束，从而将可能风险扼杀于摇篮之内。

目前，如何加强海外投资保险的市场认知度仍需要扩大宣传和沟通。首先，建议企业在与东道国政府或地方政府进行合同谈判或项目商定过程中，出示海外投资保险保单，在风险事件发生前起到震慑作用。一旦出现风险异动情况，及时与中国出口信用保险公司取得联系，确保通过政府层面的介入将风险损失降至最低；其次，从中国出口信用保险公司的角度，建议加强与东道国政府机构或管理部门的沟通，建立定期会话机制，扩大国际影响力；最后，把握机遇，顺势而为。通过建立与亚投行、丝路基金、金砖银行的切实合作，逐步扩大和深入中国出口信用保险公司在区域内的影响。

参考文献

[1] AJ Venables, Using Natural Resources for Development: Why Has It Proven So Difficult?, Journal of Economic Perspectives, 2016, 30 (1).

[2] Baker, Tom and Simon, Jonathan, Embracing Risk: The Changing Culture of Insurance and Responsibility, Chicago: University of Chicago Press, 2002.

[3] Bekker, Pieter and Ogawa, Akiko, The Impact of Bilateral Investment Treaty (BIT) Proliferation on Demand for Investment Insurance: Reassessing Political Risk Insurance After the ‘BIT Bang’, ICSID Review 2013, 28 (2).

[4] Buckley, Peter J., Clegg, Jeremy, The Determinants of Chinese Outward Foreign Direct Investment, WestminsterResearch, http://www.wmin.ac.uk/westminsterresearch, 2007.

[5] CAO, CAO Audit of MIGA's Due Diligence of the Dikulushi Copper-Silver MiningProject in the Democratic Republic of the Congo: Final Report, Washington DC: Office of the CAO of IFC/MIGA, 2014.

[6] Celine Tan, Political Risk Insurance and the Law and Governance of Nature Resources, Legal Studies Research Paper, NO. 2015, 6.

[7] Chinn M, Frankel J. Will the Euro Eventually Surpass the Dollar as Leading International Reserve Currency? [J]. Center for Global International & Regional Studies Working Paper, 2005: 11510.

[8] Chris Hajzler, Resource-based FDI and Expropriation in Developing Economics, University of Otago, Economics Discussion Papers, 2010, 9.

[9] Daniels Joseph P., Vanhoose David D., 2003, Currency substitu-

tion, Seigniorage, and Currency Crises in Interdependent Economics, Economics Faculty Research and Publications, Vol. 2003, May.

[10] Dean, Mitchell, Governmentality: Power and Rule in Modern Society, 2nd ed, London: Sage, 2010.

[11] Dean, Mitchell, Risk, Calculable and Incalculable', in Lupton, Deborah (ed), Riskand Sociocultural Theory, Cambridge: Cambridge University Press, 1990.

[12] DeLeonardo, Jennifer M, Are Public and Private Political Risk Insurance Two of a Kind? Suggestions for a New Direction for Government Coverage, Journal of International Law, 2005, 45 (3).

[13] Diana Restrepo, Ricardo Correia, Javier Poblacion, Political Risk and Corporate Investment Decisions, Working Paper 04, Business Economic Series 03, 2012, 1.

[14] Eduardo Engel, Ronald Fischer, Optimal Resource Extraction Contract Under Threat of Expropriation, NBER, 2008, 1.

[15] Ernst and Young, Business Risks Facing Mining and Metals 2013 - 2014, http: //www. ey. com/Publication/vwLUAssets/Business_ risks_ facing_ mining_ and_ metals_ 2013% E2% 80% 932014_ ER0069/ $ FILE/Business_ risks_ facing_ mining_ and_ metals_ 2013% E2% 80% 932014_ ER0069. pdf

[16] Ewald, François, Insurance and Risk: Studies in Governmentality, Chicago: University of Chicago Press, 1991.

[17] Filip De Beule, Daniel Van Den Bulcke, Locational determinants of outward foreign direct Investment: an analysis of Chinese and Indian greenfield investments, Transnational Corporations, 2012, Vol. 21, NO. 1.

[18] Gill, Stephen, Globalisation, Market Civilisation and Disciplinary Neoliberalism, Millennium Journal of International Studies, 1995, 24 (3).

[19] Glenn, Brian J, Risk, Insurance and the Changing Nature of Mutual Obligation, Law and Social Inquiry, 2003, 28 (1).

[20] Gordon, Kathryn, Investment Guarantees and Political Risk Insur-

ance: Institutions, Incentives and Development, OECD Investment Policy Perspectives, 2008.

[21] Hamdani, Kausar, Elise Liebers and George Zanjani, An Overview of Political Risk Insurance, Federal Reserve Bank of New York, 2005, 5.

[22] Haarstad, Havard, The Architecture of Investment Climate Surveillance and the Space for Non-Orthodox Policy, Journal of Critical Globalisation Studies, 2012, 5.

[23] Hansen, Kenneth, O'Sullivan, Robert and Anderson, W Geoffrey (2005), The Dabhol Power Project Settlement: What Happened? and How?, www. infrastructure. com, 2005, 12.

[24] Heimer, Carol A., Insuring More, Ensuring Less: The Costs and Benefits of Private Regulation through Insurance, University of Chicago Press, 2002.

[25] Heppel, Toby, Perspectives on Private-Public Relationships in Political Risk Insurance, International Political Risk Management: Looking to the Future, Washington DC: World Bank Group, 2005.

[26] IEG, Results and Performance of the World Bank Group 2012, Washington DC: World Bank IEG, 2013.

[27] IEG, The World Bank Group Guarantee Instruments 1990—2007: An Independent Evaluation, Washington DC: World Bank Group, 2009.

[28] IEG, Environmental Sustainability: An Evaluation of World Bank Group Support, Washington DC: World Bank Group, 2008.

[29] Ivar Kolstad, Arne Wiig, What Determines Chinese Outward FDI?, CMI Working Paper, 2009, 3.

[30] Kantor, Mark, Are You in Good Hands with Your Insurance Company? Regulatory Expropriation and Political Risk Insurance Policies, Washington DC: World Bank and MIGA, 2007.

[31] Kazimova, Rasmiya, Insurance as a Risk Management Tool: A Mitigating or Aggravating Factor? Cambridge University Press, 2011.

[32] Konrad, Sabine, Investment Treaties and International Centre for Settlement Disputes: What Investment Insurers Need to Know', Washington DC: World Bank, 2013.

[33] Leader, Sheldon, Risk Management, Project Finance and Rights-Based Development, Cambridge: Cambridge University Press, 2011.

[34] Lee, Vivian, Enforcing the Equator Principles: An NGO's Principled Effort to Stop the Financing of a Paper Pulp Mill in Uruguay, Northwestern Journal of International Human Rights, 2008, 6 (2).

[35] Lobo-Guerrero, Luis, Insurance, Climate Change and the Creation of Geographies of Uncertainty in the Indian Ocean Region, Journal of the Indian Ocean Region, 2010, 6 (2).

[36] Lupton, Deborah, Risk, 2nd ed, London and New York: Routledge, 2013. Lucas R. Why Doesn't Capital Flow from Rich to Poor Countries? The American Economic Review, Vol. 80 (2), 1990.

[37] Macartan Humphreys, Jeffrey Sachs, Joseph Stigkitz, Escaping Resource Curse, Columbia University Press, 2007, 6.

[38] MIGA, World Investment and Political Risk 2013, Washington DC: World Bank Group.

[39] MIGA, World Investment and Political Risk 2012, Washington DC: World Bank Group.

[40] MIGA, MIGA: Helping Keep Sustainable Investments on Track, MIGA Brief, April 2013, http://www.miga.org/documents/Dispute_ Resolution_ and_ Claims.pdf.

[41] MIGA, MIGA: Supporting Mining Investments, MIGA Brief, April 2013, http://www.miga.org/documents/miningbrief.pdf.

[42] MIGA, "Policy on Environmental and Social Sustainability", 1 October 2013, www.miga.org/documents/Policy_ Environmental_ Social_ Sustainability.pdf.

[43] MIGA, "Investment Guarantee Guide", July 2012, http://

www. miga. org/documents/IGGenglish. pdf.

[44] MIGA, Operational Regulations as amended by the Board of Directors through December 5, 2012, Washington DC: World Bank Group.

[45] MIGA, World Investment and Political Risk 2010, Washington DC: World Bank Group.

[46] MIGA, World Investment and Political Risk 2009, Washington DC: World Bank Group.

[47] MIGA, Political Risk in the Extractive Industries: Voluntary Tools for Risk Mitigation, 2007, http: //www. pri-center. com/documents/perspectivesmena. pdf.

[48] MIGA, MIGA to Resume Guarantees to Indonesia, Press Release, 21 February 2001, http: //www. miga. org/news/index. cfm? stid = 1520&aid =326.

[49] Miguel Lebre de Freitas, 2004, Currency Substitution, Portfolio Diversification and Money Demand, presented at the meeting of LACEA, Feb.

[50] Moody, Roger, The Risks We Run: Mining Communities and Political Risk Insurance, Utrecht: International Books, 2005.

[51] Nathan M. Jensen, Noel P. Johnston, Chia-yi Lee, Abdulhadi Sahin, Crisis and Contract Breach: The Domestic and International Determinants of Expropriation, 2013.

[52] OECD, Direct Gross Insurance Premiums', Insurance and Pensions: Key Tables from OECD, 2014, No 4, 10. 1787/gr-ins-prem-table-2013-1-en.

[53] OECD, Arrangement on Officially Supported Export Credits, TAD/PG (2014) 1, http: //www. oecd. org/tad/xcred/theexportcreditsarrangementtext. htm.

[54] OECD, Country Risk Classification, updated 18 October 2013, http: //www. oecd. org/tad/xcred/crc. htm.

[55] OPIC, Overseas Private Investment Corporation Office of Accountability: Operational Guidelines Handbook for Problem-Solving and Compliance

Review Services, Washington DC: OPIC, 2014.

[56] OPIC, What We Offer: Examples of Advocacy, 2013, http://www.opic.gov/what-weoffer/political-risk-insurance/examples-of-advocacy.

[57] OPIC, Terra Global: Protecting Cambodian Forests, 2012, http://www.opic.gov/projects/terraglobal.

[58] OPIC, OPIC: Environmental and Social Policy Statement, 2010, www.opic.gov/sites/default/files/consolidated_esps.pdf.

[59] Pacific Environment, FERN and Focus on the Global South, Precedent-Setting Insurance for REDD Project in Cambodia Raises Concerns, 2013, http://focusweb.org/content/precedent-setting-insurance-redd-project-cambodiaraises-concerns.

[60] Perry, Maura B., A Model for Efficient Foreign Aid: The Case for the Political Risk Insurance Activities of the Overseas Private Investment Corporation, Journal of International Law, 1996, 36.

[61] Poulsen, Lauge N Skovgaard, The Importance of BITs for Foreign Direct Investment and Political risk Insurance: Revisiting the Evidence, 2010, http://words.bepress.com/lauge_poulsen/4.

[62] Price waterhouse Coopers, Granting of Federal Guarantees for Direct Investments Abroad, 2006.

[63] Salacuse, Jewald, The Three Laws of International Investment: National, Contractual and International Frameworks for Foreign Capital, Oxford University Press, 2013.

[64] Schneiderman, David, Constitutionalizing Economic Globalization: Investment Rules and Democracy's Promise, Cambridge University Press, 2008.

[65] Schuman, Michael, Indonesia Agrees to Pay Disputed Debt to US's Overseas Private Investment, Wall Street Journal, 2001.

[66] Siniša Ostójic, Željka Unkovic, Insurance and Management of Political Exposure in Developed Economies and Serbia, 2011, 11.

[67] Surminski, Swenja, The Role of Insurance Risk Transfer in Encour-

aging Climate Investment in Developing Countries, Cambridge University Press, 2013.

[68] Thomas, Lee R., 1985, Portfolio Theory and Currency Substitution, Journal of Money, Credit and Banking, Vol. 17, NO. 3, Aug., pp. 347-357.

[69] Webb, Kernaghan, Political Risk Insurance, CSR and the Mining Sector, International Journal of Law and Management, 2012, 54 (5).

[70] Wells, Louis T., The New International Property Rights: Can the Foreign Investor Rely on Them?, World Bank and MIGA, 2005.

[71] World Bank and IFC, Doing Business: A Joint Publication and Project by the World Bank and IFC, 2014, http://www.doingbusiness.org/about-us.

[72] WBG, Investing Across Borders: Indicators of Foreign Direct Investment Regulation in 87 Economies, Washington DC: World Bank Group, 2010.

[73] Zurich, Credit and Political Risk Claims Overview, Zurich Insurance, 2011, http://www.zurichna.com/internet/zna/SiteCollectionDocuments/en/Products/tradecredit/FinalClaimsOverview.pdf.

[74] 2003—2015 年《中国对外直接投资统计公报》。

[75] 毕马威全球中国业务发展中心．中国对外投资情况［J］．金融发展评论，2013 (8).

[76] 崔凡，赵忠秀．当前国际投资体制的新特点与中国的战略［J］．国际经济评论，2013 (2).

[77] 何帆，姚枝仲．中国对外投资：理论与问题［M］．上海：上海财经大学出版社，2013.

[78] 栗亮．中国境外直接投资的新趋势［J］．新金融．2015 (3).

[79] 林乐芬，王少楠．“一带一路”建设与人民币国际化［J］．世界经济与政治，2015 (11): 72-90.

[80] 蒙震，李金金，曾圣钧．国际货币规律探索视角下的人民币国际化研究［J］．国际金融研究，2013 (10): 66-73.

[81] 沙文兵，刘敏．货币国际化的经济效应：国外文献综述［J］.

经济问题探索，2013（8）：186－196.

［82］孙杰．跨境结算人民币化还是人民币国际化？［J］．国际金融研究，2014（4）：39－49.

［83］王海军．中国企业对外直接投资的国家经济风险［M］．北京：中国经济出版社，2014.

［84］姚枝仲，李众敏．中国对外直接投资的发展趋势与政策展望［J］．国际经济评论，2011（2）.

［85］殷剑峰．人民币国际化："贸易结算＋离岸市场"还是"资本输出＋跨国企业"？［J］．国际经济评论，2011（4）：53－68.

［86］张明．人民币国际化的最新进展与争论［J］．经济学动态，2011（12）：42－47.

［87］张建．国际投资仲裁管辖权与双边投资协定的解释问题刍议［J］．研究生法学，2016（31）.

［88］周永涛，许嘉扬．加入 SDR 后人民币国际化面临的挑战与机遇［J］．国际金融，2017（3）：34－38.

［89］宗良．"一带一路"与人民币国际化协同效应研究［J］．国际金融，2017（3）：6－9.

［90］许谨良．风险管理［M］．北京：中国金融出版社，2011（4）.

参考政策文件

[1] 发展改革委2014年第9号令《境外投资项目核准和备案管理办法》。

[2] 商务部2014年第3号令《商务部境外投资管理办法》。

[3] 国家外汇管理局2015年第13号令《国家外汇管理局关于进一步简化和改进直接投资外汇管理政策的通知》。

[4] 国家外汇管理局2009年第24号令《关于境内企业境外放款外汇管理有关问题的通知》。

[5] 国家外汇管理局2014年第29号令《跨境担保外汇管理规定》《跨境担保外汇管理操作指引》。

重要术语索引

后　记

工业革命之后，资本主义机械工业取代了手工业，为大规模商品的交换和全球贸易的发展奠定了物质基础。全球化发展至今，跨境资本流动作为全球化的伴生物，也已由“不谙世事”进化为成长、成熟。当代的跨境资本流动，“流动”的主体已经发生巨大变迁，与资本的流动相伴随的是财富、人类文明、科技等的大规模交互和流通。

截至目前，中国企业以境外投资途径进行的资本出境、技术出境已初具规模，并且已经积累了一定的经验。尽管如此，对于中国企业来说，境外投资过程中的“不安”因素却始终如影随形，困扰着多数的中国企业家。在近来的工作和学习中，笔者逐渐认识到，困扰着中国企业的并不是跨境投资项目遭遇的深不可及的风险，而是对于风险事前认知“一叶障目”的盲从或是“冰山一角”的偏颇。

北京大学国家发展研究院的薛兆丰教授曾经说过，经济学是一门研究“事与愿违”的科学，笔者无比认同这一说法。

从 17 世纪到 18 世纪中叶，“大航海”时代的全球贸易刚刚兴起，大英帝国在其所属殖民地内大力发展种植业。当时印度多数领土被原始森林和植被所覆盖，农业开发环境十分恶劣，一个突出的问题是大量眼镜蛇出没其中，为当地农业种植带来困难。当时为了解决这一难题，政府决定悬赏抓捕眼镜蛇，即按照数量对抓捕人进行现金奖励，以达到减少眼镜蛇数量的目的。然而，政府的这一措施并没有达到预期效果，结果反而是眼镜蛇数量呈现大幅增长。原因在于，在悬赏金的刺激下，当地居民开始豢养眼镜蛇，以获得更多的政府奖励。

在多数情况下，经济政策的颁布对于后续经济事件的影响往往是不可预期的。因此，经济学并不是一门预测未知现象的学科，而是解释与传统印象和常规直觉不符以及未知现象的科学。

保险学作为经济和金融大门类下的子类学科，“事与愿违”的特性表现得更加明显。风险，与概率和损失密切相关，是经济人对于损失发生概率的事前判断。任何一种保险产品，作为风险的抵补和弥补措施，目的是给予那些“愿违”事件造成的结果和损失一定的赔偿。在这一意义上，研究保险学要遵循经济学的基本定律。因此，本书在经济学框架下研究和讨论海外投资保险是一个必然选择。

保险和跨境资本流动二者的结合孵化了海外投资保险这一金融产品的温床。当前处于广博的经济和金融世界中的海外投资保险，虽然只占一隅，却也逐渐成为整个金融生物系统中不可或缺的微观个体之一，在金融资源配置方面发挥着引导性作用。

笔者从事海外投资保险承保业务已近两年有余，两年的时间中无不掺杂着好奇、彷徨和困惑。然而，时至今日，许多问题和疑惑依然是笔者无法说服自己的。

一方面，目前全球政治、经济局势矛盾多发、冲突林立，中国经济会不会变好？经历了全球经济危机梦魇般的十年，力求转型和“去杠杆”的中国经济是否能够平稳度过这一劫难是整个时代都在思索的问题。西方经济学和世界各国的经济学者貌似提供了治愈各类经济难题的“经济学良方”，但是，理论与现实的碰撞让我们内心总会受到这样一个声音的质疑，即“是否会奏效？现实是否会变好？”

笔者坚信中国企业内心也会有这样的犹疑和不安。这个世界变化太快，我们目前想象中十年后的愿景和现实会有多大差距，中国企业生存和发展的未来之路在哪里，境外市场的开拓和大规模的并购是一个必经之路吗？

另一方面，从海外投资保险的发展来看，笔者认为，未来海外投资保险将具有无尽的可能性和多元化的发展空间。目前这一发展趋势已经初现端倪，但是现实却非如此美好。诸多要素约束了最优均衡和最优路径的到达。

近来，笔者的以上感受愈加强烈，似乎我们站在一个时代的前夜，旅程也许已经开始了，但是未来还是如此懵懂和模糊。在这一点上，我们保持期待，却无法交付全部的热情和信仰。

当然，也许是天生反骨，也许是杞人忧天，也许是书生意气，也许是多余的理想主义。“人生的终极追求，就是把所有的笼子全部打破，迈入一个广阔无垠的空间，获得彻底的自由”，思考是生而为人的先天优势和乐趣。因此，写作这本书的过程仍然是快乐多于忧虑和困惑，有顿悟的快乐、有打破边界的快乐、有和合作伙伴持续讨论达到思想共鸣的快乐。

100 多年前，勒庞似乎赋予了“乌合之众”以贬义的语义，但在今天看来，是多数民意决定了世界发展的潮流和方向，这个世界需要多听听企业和消费者的声音，让微观智慧和信念得到适时传递和表达。

笔者无意也无力完全揭开“风险面纱”，但是希望本书的出版仍能够为境外投资机构带去“光能够照进来”的一丝缝隙。同时，希望本书对中国企业的未来发展和全球战略有所帮助，也希望本书能够提供企业与政策层面、金融机构层面之间得到充分沟通的媒介和通道。

栗　亮

2017 年 8 月 28 日